AF453386

THÉORIE

MACHINES MOTRICES

THÉORIE

DES

MACHINES MOTRICES

ET DES

EFFETS MÉCANIQUES DE LA CHALEUR

LEÇONS FAITES A LA SORBONNE

PAR M. REECH

Directeur de l'École impériale d'application du génie maritime

RECUEILLIES ET RÉDIGÉES

PAR M. ÉMILE LECLERT

Professeur à l'École d'application du génie maritime.

1re PARTIE. — Théorie générale des machines motrices et propriétés des fluides élastiques établies sans idée préconçue sur la nature de la chaleur.

2e PARTIE. — Théorie mécanique de la chaleur et particularités qu'elle introduit dans la théorie générale.

PARIS

LIBRAIRIE SCIENTIFIQUE, INDUSTRIELLE ET AGRICOLE

EUGÈNE LACROIX, ÉDITEUR

LIBRAIRE DE LA SOCIÉTÉ DES INGÉNIEURS CIVILS

15, Quai Malaquais.

1869

PREMIÈRE PARTIE

Théorie générale des machines motrices et propriétés
des fluides élastiques établies sans idées préconçues
sur la nature de la chaleur.

CHAPITRE PREMIER.

Théorie générale des machines motrices à gaz et à vapeur établie sans idée préconçue sur la nature de la chaleur. — Rôle essentiel de la chaleur : utilisation. — Comparaison entre les machines à gaz et les machines à vapeur au point de vue de l'encombrement.

I.

1. Concevons qu'on mette à notre disposition deux réservoirs indéfinis contenant le même gaz (*fig.* 1), l'un R_1, sous la pres-

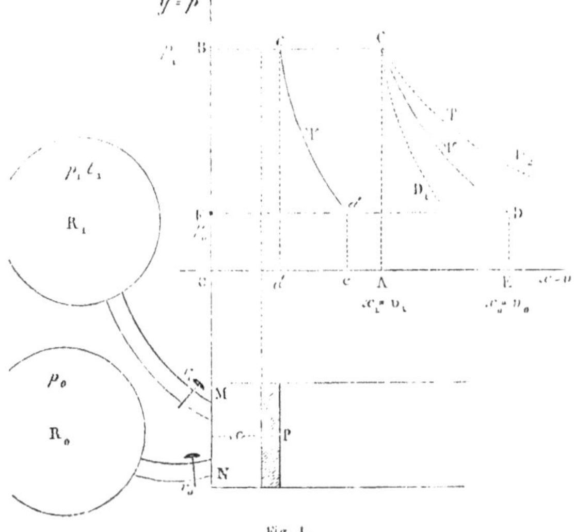

Fig. 1.

sion p_1 et à la température t_1, l'autre R_0, sous une pression p_0

moindre que p_1, et à une température que je ne définis pas encore mais que je suppose inférieure à t_1.

J'imagine que je puisse, à volonté, mettre en communication avec l'un ou l'autre de ces réservoirs, le fond MN d'un cylindre de longueur indéfinie auquel est ajusté un piston P.

Admettons que ce piston ait un mètre carré de surface, que les pressions soient exprimées en kilogrammes par mètre carré, qu'enfin le cylindre s'ouvre dans une enceinte où règne une pression constante, ou même, si l'on veut, le vide. En conséquence de ces conventions : les chemins x que parcourt le piston, évalués en mètres, et les volumes v qu'il engendre, mesurés en mètres cubes, seront exprimés par les mêmes nombres ; on n'aura pas à tenir compte des pressions qu'éprouve la face externe du piston, et le travail en kilogrammètres qui répondra à un déplacement dx du piston recevant, sur sa face interne, l'action d'un gaz à la pression p, aura pour expression.

$$p\,dx \quad \text{ou} \quad p\,dv.$$

Ce travail mécanique sera donc représenté graphiquement par l'aire d'un rectangle ayant dx pour base et une hauteur égale à p. Je porterai les chemins parcourus par le piston, ou les volumes qu'il engendre, sur l'axe Ox, et je compterai les pressions p, parallèlement à l'axe Oy, comme ordonnées.

2. Notre appareil de principe compris, spécifions son mode de fonctionnement.

Le piston occupant, comme position initiale, le fond du cylindre, j'ouvre le robinet r_1 qui règle la communication du cylindre avec le réservoir R_1. Le gaz poussant le piston va affluer dans le cylindre ; mais j'admettrai ici qu'il y conserve la pression p_1, en sous-entendant que la dilatation se fasse assez lentement pour qu'on puisse négliger les vitesses des particules de gaz et les inégalités de pression dans l'entière étendue du volume occupé.

Soit $OB = p_1$.

Au moment précis où 1^k de gaz est sorti du réservoir R_1, je ferme le robinet r_1; soit $OA = x_1$, le chemin parcouru alors par le piston ; désignons d'ailleurs par $v_1 = x_1$ le volume de 1^k de gaz, pris dans les conditions de pression et de température du réservoir R_1. Le rectangle OACB représentera le travail développé par le gaz dans cette première phase de l'opération.

Je continue de laisser marcher le piston. Le gaz va se détendre. Je puis toujours supposer que la loi de ses pressions variables avec les positions successives du piston, soit représentée par une certaine courbe, telle que CD, que j'appellerai *courbe de détente*.

On doit concevoir autant de courbes de détente distinctes qu'il plaira de supposer de modes définis de communication de chaleur faite au gaz durant sa période de détente.

Parmi toutes ces courbes, il en est une qui mérite tout particulièrement notre attention, c'est celle qui répondrait au cas où les parois du cylindre et du piston ne pourraient ni céder ni retirer de la chaleur au gaz ; c'est-à-dire la courbe *sui generis* de la *détente naturelle* du gaz dans une enveloppe *imperméable à la chaleur*. — Soit CD cette courbe. — Dans ces conditions, le gaz, en se détendant, se refroidit. Si l'on supposait que sa température fût abaissée au-dessous de ce qu'amènerait sa détente naturelle, la courbe de détente, telle que CD_1, indiquerait, pour des positions données du piston, des pressions moindres que CD ; mais elle serait, au contraire, telle que CD_2, si l'on admettait que le gaz reçût de la chaleur ; et, pour l'air, dans le cas particulier où la température du gaz demeurerait constante, cette courbe CD_2, conformément à la loi de Mariotte, serait une hyperbole équilatère ayant Ox et Oy pour asymptotes.

Pour abréger, nous conviendrons d'appeler d'une manière générale *courbe* ψ, une courbe de détente relative à une enveloppe imperméable à la chaleur, et *courbe* φ, une courbe de détente qui répondrait aux circonstances qu'exprime la loi de Mariotte.

Ici, dans notre appareil de principe, je vais supposer que la courbe de détente CD se rapporte au cas d'une enveloppe imperméable à la chaleur. — Il arrivera nécessairement un moment où la pression du gaz ne sera plus que celle p_0 du réservoir R_0. J'arrête alors le piston ; au même instant la température du gaz est tombée de t_1 à une température moindre que j'appelle t_0 ; soient x_0 le chemin total décrit par le piston, et $v_0 = x_0$ le volume qu'occupe 1^k de gaz dans ces conditions dernières de pression et de température.

Le travail total développé par le gaz est alors représenté par l'aire OBCDE.

En même temps que cesse la détente, j'ouvre le robinet de la communication du cylindre avec le réservoir R_0 et je ramène le piston à sa position initiale. Le gaz va se répandre dans le réservoir R_0 ; mais j'admettrai que dans cette dernière phase de l'opération, sa pression dans le cylindre demeure égale à p_0, en sous-entendant comme tout-à-l'heure qu'il n'y ait aucune différence entre la pression, p_0, dans le cylindre et celle du réservoir.

Pour refouler ainsi le gaz on dépense une certaine quantité de travail représentée par le rectangle OEDF.

Donc le travail définitivement réalisé lorsque le piston est revenu à son point de départ est mesuré par l'aire du diagramme FBCD. — Je l'appelle D. — On l'exprime algébriquement par la somme

$$p_1 v_1 + \int_{v_1}^{v_0} p\,dv - p_0 v_0$$

dans laquelle v désigne le volume de 1^k de gaz sous la pression variable p ; ou, bien plus simplement, par la formule

$$D = \int_{p_0}^{p_1} v\,dp,$$

$v\,dp$ mesurant l'aire d'un rectangle élémentaire découpé dans le diagramme parallèlement à Ox.

D est pour nous un diagramme théorique exprimant le travail obtenu par 1^k de gaz dans les conditions nettement définies que nous venons de concevoir.

D'ailleurs, dans toutes les conditions qui pourraient être physiquement réalisées, il suffira d'imaginer qu'un indicateur de pression trace, relativement aux axes Ox, Oy, le diagramme vrai : l'aire de ce diagramme exprimera le travail effectivement réalisé durant la course entière du piston.

3. Si les réservoirs R_1 et R_0 étaient indéfinis, on pourrait indéfiniment répéter l'opération précédente et on obtiendrait à chaque fois un bénéfice de travail D. Mais la supposition que nous avons faite de réservoirs illimités, est toute fictive. Si grand que fût R_1, la pression du gaz y diminuerait graduellement ; tôt ou tard il s'épuiserait.

La conséquence est qu'il est nécessaire d'alimenter le réservoir R_1. Usons à cet effet du second réservoir R_0, et faisons revenir 1^k de gaz de celui-ci au premier. Supposons d'abord, dans le réservoir R_0 une température égale à t_0, c'est-à-dire égale à celle que le gaz se trouve posséder à la fin de sa détente. Il suit delà que le kilogramme de gaz sera introduit dans le cylindre lorsque

le piston aura parcouru le chemin $x_0 = $ OE ; fermant alors le
robinet r_0 et ramenant le piston sur lui-même, la tension du gaz
grandira suivant la loi qui, convenant à une enveloppe imperméable à la chaleur, est représentée par la courbe CD, si bien
que son volume sera devenu précisément égal à v_1, au moment
où sa pression et sa température seront simultanément, p_1 et t_1.
celles du réservoir R_1 ; ouvrant, à cet instant, le robinet r_1 et
continuant de ramener le piston sur lui-même le kilogramme de
gaz viendra se répandre dans le réservoir R_1.

On voit que dans ces conditions, l'alimentation du réservoir R_1
ferait repasser, dans le cylindre, les volumes et les pressions du
gaz par les mêmes phases que l'opération première, mais en
ordre inverse, de telle sorte que le diagramme

$$D = FDCB$$

représenterait le travail à dépenser pour ramener 1^k de gaz
au réservoir R_1 ; on reconnaît que c'est là précisément la quantité de travail obtenue en soutirant 1^k de gaz de ce même réservoir ; donc, en définitive, consommant d'une part juste ce
qu'on obtiendrait de l'autre, on n'aurait pas de machine motrice.

Pour que l'appareil soit apte à fonctionner comme machine
motrice, il est absolument nécessaire de puiser dans R_0, non
pas du gaz à t_0, mais à une température θ_0 moindre que t_0.
En effet, le kilogramme de gaz pris à R_0, ayant ainsi un volume moindre que v_0, se trouvera introduit dans le cylindre
alors que le piston aura parcouru un chemin Oe nécessairement
plus petit que OE $= x_0$; ramenant ensuite le piston sur lui-même,
la pression du gaz s'élèvera de p_0 à p_1 suivant une loi représentée
par une courbe cd de la même espèce que CD, et en même temps
sa température croîtra de θ_0 à une autre θ_1, que nous devons
supposer moindre que t_1 ; si l'on ouvre alors le robinet r_1, le kilogramme de gaz, ramené à la pression p_1, sera rendu à R_1, au
moment où le piston regagnera le fond du cylindre. Dans ces
dernières conditions le travail dépensé par l'alimentation est
représenté par l'aire du diagramme $FdcB$; je l'appelle δ ; on
peut d'ailleurs, comme pour D, calculer sa grandeur au moyen
de la formule.

$$\int_{p_0}^{p_1} v\,dp.$$

Il y a donc cette fois un bénéfice réel de travail dont la valeur est représentée par le diagramme CD*dc* ou par la différence.

$$D - \eth.$$

Concluons de là, que pour constituer une machine motrice, il faut que nous ayons :

1° Annexé au réservoir R_0, un réfrigérant capable d'abaisser le gaz à une température θ_0 moindre que celle t_0 avec laquelle il est expulsé du cylindre ;

2° Annexée au réservoir R_1, une source chaude en état d'élever à t_1 le gaz qu'on y introduit à la température $\theta_1 < t_1$.

Ainsi, par chaque kilogramme de gaz ramené de R_0 à R_1, la source chaude doit fournir une certaine quantité de chaleur ; je la désigne par q_1. Le rapport

$$\frac{D - \eth}{q_1} = U.$$

exprimera pour notre appareil moteur, la proportion du travail réalisé en raison de la quantité de chaleur dépensée : le nombre de kilogrammètres obtenu par *calorie* ; nous lui donnerons le nom d'*utilisation*.

En outre, par chaque kilogramme de gaz passant de R_1 à R_0, le réfrigérant doit soutirer une certaine dose q_0 de chaleur.

Ces quantités q_0, q_1, seront calculables si l'on connaît la chaleur spécifique du gaz sous pression constante : car, désignant celle-ci par le symbole a, on peut écrire

$$q_0 = \int_{\theta_0}^{t_0} a_0 dt \qquad\qquad q_1 = \int_{\theta_1}^{t_1} a_1 dt.$$

Ici nous ne nous préoccupons pas de savoir si les quantités q_0, q_1, sont égales ou différentes ; l'examen de cette question appartient à des considérations qui seront développées ultérieurement.

II.

4. Les considérations qui précèdent conviennent à tout fluide, gaz ou vapeur.

Quelle que soit la vapeur, sèche ou non, dont nous disposions pour le fonctionnement d'une machine motrice, il nous est possible de construire les diagrammes D et ɔ qui se rapportent l'un à la dépense, l'autre à l'alimentation, et qui par leur différence

$$D - ɔ$$

donnent l'évaluation du bénéfice de travail par kilogramme de fluide.

En fait, notre appareil moteur, tel que nous sommes conduits à le constituer, doit avoir deux cylindres : un *cylindre travailleur* par lequel on réalise le diagramme D, et un *cylindre d'alimentation* consommant le diagramme ɔ.

Si l'on veut bien se reporter à la figure 1, on reconnaîtra que les volumes de nos deux cylindres sont proportionnels aux longueurs de courses OE, Oe. Et comme il est permis de juger de l'encombrement d'une machine par les dimensions de ses cylindres, on voit que la figure nous dépeint cet encombrement par la somme des longueurs OE, Oe.

5. Cette simple remarque conduit à une comparaison intéressante, au point de vue de l'encombrement, entre les machines à air et les machines à vapeur d'eau.

Admettons que dans une machine à air le gaz affluant au cylindre travailleur soit porté à la température d'environ 300° pour laquelle un volume d'air pris à l'atmosphère est doublé. On voit qu'on aurait approchant

$$Oe = \frac{1}{2} OE, \quad ɔ = \frac{1}{2} D;$$

c'est-à-dire que le cylindre alimentaire serait moitié du cylindre travailleur et consommerait la moitié du travail réalisé dans celui-ci.

Considérons maintenant une machine à vapeur d'eau telle que la différence entre les pressions p_0, p_1, y soit égale à celle que la machine à air nous présentait tout à l'heure, c'est-à-dire à 1 atmosphère, et avec une introduction réglée de manière à réaliser le même travail que dans cette dernière. On sait qu'à la température de 100° l'eau fournit environ 1700 fois son volume de vapeur. Or, c'est de l'eau que le cylindre alimentaire envoie à la chaudière représentée ici par le réservoir R_1; le volume de ce cylindre est donc très-petit relativement à celui du cylindre travailleur. Et comme on peut considérer que les diagrammes D et ᴅ sont approchant dans le rapport des courses OE, Oe, ou dans le rapport des volumes de nos cylindres, on peut dire que dans le type machine à vapeur d'eau, le cylindre alimentaire ne soustrait du diagramme D qu'une quantité très-petite, négligeable.

A ce compte, si l'on représente par 1 le volume du cylindre de la machine à vapeur d'eau, on devra représenter par 3 la somme des volumes des cylindres de la machine à air. Il s'ensuivrait qu'à puissance brute égale, la machine à air serait trois fois plus encombrante que la machine à vapeur d'eau.

Poursuivons la comparaison en tenant compte des frottements.

Envisageant la masse des organes, on doit considérer que dans la machine à air les frottements consommeront une fraction de la puissance brute triple de celle m qui représente leur importance dans la machine à vapeur.

Supposons, pour fixer les idées, $m = \dfrac{1}{4}$.

A puissance brute égale F, l'expression du travail disponible sera donc :

dans la machine à vapeur $\left(1 - \dfrac{1}{4}\right) \mathrm{F} = \dfrac{3}{4} \mathrm{F}$,

dans la machine à air $\left(1 - 3 . \dfrac{1}{4}\right) \mathrm{F} = \dfrac{1}{4} \mathrm{F}$.

Pour que ces dernières quantités fussent égales, il serait évidemment nécessaire que la puissance brute dans la machine à air fût trois fois celle de la machine à vapeur ; c'est-à-dire qu'il faudrait employer une machine à air encore trois fois plus encombrante que celle qui n'égale la machine à vapeur que comme puissance brute ; donc enfin, à puissance effective égale, la machine à air serait 9 fois plus encombrante que la machine à vapeur d'eau.

Si l'on supposait au coefficient m des valeurs moindres, $\dfrac{1}{5}$ ou $\dfrac{1}{6}$, le volume de la machine à air serait encore six ou cinq fois celui de la machine à vapeur considérée; on lui trouverait une valeur *infinie* si l'on faisait l'hypothèse $m = \dfrac{1}{3}$.

Sans nous arrêter à ces chiffres autrement que comme valeurs indicatives, la conclusion est qu'à égalité de puissance effective la machine à air est singulièrement plus encombrante que la machine à vapeur d'eau. ·

6. Une comparaison complète demanderait qu'on eût égard aux dépenses de chaleur, q_1, et q'_1, relatives à l'un et à l'autre des appareils considérés, afin de calculer leur *utilisation*, c'est-à-dire les quantités

$$U = \frac{(1 - m)\,F}{q_1} \quad \text{pour la machine à vapeur.}$$

$$U' = \frac{(1 - 3m)\,F}{q'_1} \quad \text{pour la machine à air.}$$

Il faudrait évidemment que q'_1 fût notablement moindre que q_1 pour que U' eût, en fin de compte, l'avantage sur U. Des faits d'expériences élucideront cette question importante.

CHAPITRE II.

Équation de l'écoulement des fluides.

7. Un diagramme, tel que le diagramme théorique D que nous venons de construire dans le chapitre précédent, peut être envisagé, indépendamment du rôle qu'il joue dans la théorie des machines motrices, d'une façon pour ainsi dire abstraite ; car, rapporté à deux axes, l'un des volumes, l'autre des pressions, il provient clairement de la connaissance d'une série d'éléments définis : d'une part, des volumes qu'occupe 1^k de gaz dans certaines conditions extrêmes de pression et de température, et d'autre part, de la courbe de détente du gaz relative à des circonstances spécifiées. C'est ainsi que ce diagramme D se présentera dans la solution de diverses questions de mécanique physique et particulièrement dans le problème de l'écoulement des fluides qui va faire l'objet de ce chapitre.

I.

8. Considérons deux réservoirs, R_1 et R_0, tels que nous les avons imaginés dans le premier chapitre, c'est-à-dire contenant un même gaz à des pressions p_1, p_0, et à des températures t_1, t_0, différentes. Je suppose qu'ils soient mis en communication par une cloison mince percée (*fig.* 2) et je me propose de déterminer avec quelle vitesse u l'écoulement du gaz s'effectuera de R_1 à R_0.

Remarquons d'abord que la veine de gaz affluente ne pourra manquer d'arriver assez vite à un état permanent.

La force vive de 1^k de gaz qui traverse l'orifice est

$$\frac{1}{g}\frac{u^2}{2},$$

Je dis qu'elle est égale au diagramme théorique D relatif à 1^k de

gaz tel que nous l'avons défini en commençant. En effet chaque
particule de gaz initialement sous la pression p_1 et à la tempé-

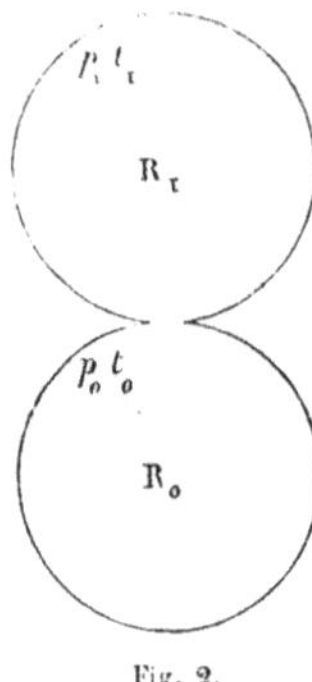

Fig. 2.

rature t_1, passe ensuite à la pression p_0 et à la température t_0;
en raison de la rapidité de son trajet, on peut considérer
comme négligeable la quantité de chaleur que lui cèdent ou
retirent les parois de l'orifice ainsi que les filets contigus. Chaque
particule passe donc, en s'écoulant directement de R_1 à R_0, par
les mêmes phases que nous avons conçues en construisant le
diagramme D : à l'égard de chacune d'elles on pourrait tracer
un petit diagramme analogue ; et D n'est autre chose que la
somme des diagrammes partiels qui seraient ainsi tracés pour
toutes les particules contenues dans 1 kilogramme de gaz. On a
donc bien

$$\frac{1}{g}\frac{u^2}{2} = \int_{p_0}^{p_1} v\,dp = \mathrm{D},$$

d'où l'on tire :

$$u^2 = 2g\mathrm{D}. \tag{1}$$

formule qui fera connaître u lorsqu'on connaîtra D.

Cette formule très-simple est remarquable par sa complète
généralité. Elle convient à tout fluide, gaz, vapeur ou mélange
de gaz et vapeurs uniformément mélangés.

Elle comprend même, comme cas particulier, la formule de

l'écoulement des liquides. En effet, d'après la loi des pressions hydrostatiques, on peut poser :

$$p_0 = \tilde{\omega} \times 1 \times h_0, \qquad p_1 = \tilde{\omega} \times 1 \times h_1,$$

en appelant $\tilde{\omega}$ le poids du mètre cube de liquide. D'un autre côté, comme pour les fluides incompressibles la courbe de détente se réduit à une droite perpendiculaire à l'axe des volumes (*fig.* 1), si l'on désigne par v le volume du kilogramme, on a :

$$D = v\,(p_1 - p_0);$$

et par suite :

$$D = v\tilde{\omega}\,(h_1 - h_0) = (h_1 - h_0),$$

puisque, par définition, $v\tilde{\omega} = 1^k$.

L'équation (1) devient donc :

$$u^2 = 2g\,(h_1 - h_0) = 2g\mathrm{H}.$$

c'est la formule connue.

9. Au lieu de supposer, comme on vient de le faire, les réservoirs en contact, imaginons qu'ils communiquent par un

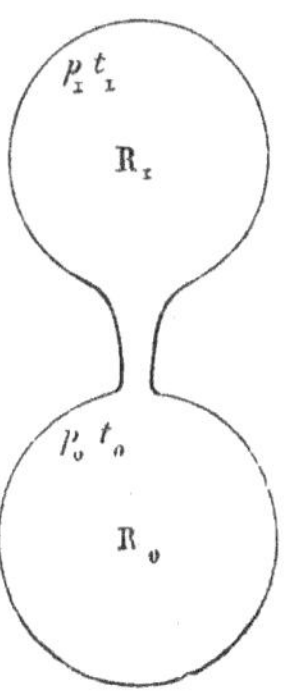

Fig. 3.

tuyau (*fig.* 3) susceptible, par sa forme, de convenir à ce qu'on appelle, en hydrodynamique, *l'écoulement à plein tuyau* [1].

En faisant d'abord abstraction du frottement que le fluide. peut éprouver de la part des parois du tuyau, la vitesse d'écoulement u satisfera encore à la relation générale.

$$\frac{u^2}{2g} = D,$$

D étant toujours notre diagramme théorique, dans le cas où l'on suppose qu'en s'écoulant, le fluide arrive à un état permanent calorifique et dynamique, tel que la chaleur transmise à ce fluide, par le tuyau, soit négligeable. Et, dans l'hypothèse d'une certaine communication de chaleur établie entre le fluide et le tuyau, D étant un diagramme construit avec la courbe de détente qui serait spécialement relative à ce mode de communication de chaleur.

Nous avons laissé de côté les frottements ainsi que la perte de force vive, plus ou moins négligeable dans le problème actuel, qui serait due à des tournoiements. Soit m un coefficient de réduction, et posons, à défaut de l'équation correcte

$$\left(1 + m\right) \frac{1}{2g} u^2 = D.$$

On tire de là :

$$u^2 = \frac{2gD}{1 + m}.$$

Il n'a pas été tenu compte, ici, de la pesanteur ; de là un détail complémentaire que nous allons rencontrer dans ce qui va suivre.

---

[1] On démontre que, dans le sens de l'écoulement, les sections du tuyau ne doivent jamais aller en augmentant.

CHAPITRE III.

Complément de l'hydrodynamique en ce qui concerne l'équilibre et le mouvement des gaz et des vapeurs. — Équilibre d'une colonne d'air atmosphérique et loi de sa stabilité. — Mesure barométrique des hauteurs. — Hauteur *minimum* de l'atmosphère. — Théorie rationnelle du tirage des cheminées.

I.

10. L'équation de la vitesse d'écoulement d'un fluide

$$u = \sqrt{2g\mathrm{D}},$$

qui vient d'être établie dans le chapitre précédent est entièrement d'accord avec l'hydrodynamique. C'est ce qu'il ne sera pas sans intérêt de faire ressortir.

En effet, pour le cas des mouvements permanents, le seul qu'on se borne à étudier dans l'état actuel de la science, la formule fondamentale de l'hydrodynamique, donnée par les traités de mécanique, devient

$$\frac{dp}{\rho} = gdz - udu. \tag{1}$$

ρ désignant la masse sous l'unité de volume, u la vitesse, z le chemin parcouru dans le sens de la pesanteur, et dp exprimant l'accroissement que subit la pression lorsqu'on passe, dans le sens de la vitesse u, d'un point à un autre infiniment voisin, pour lequel z croît de dz et u de du.

En général, ρ est une fonction de la pression p et de la température t; mais pour chaque phénomène particulier, il existe nécessairement une relation définie entre p et t; en l'associant à l'équation (1), cette dernière ne contiendra plus que p, comme variable indépendante, et on pourra l'intégrer. — Dans l'hypothèse faite par Poisson, conformément à la loi de Mariotte,

$$t = \text{constante} \quad \text{et} \quad \frac{p}{\rho} = \text{constante} = k,$$

l'équation (1), intégrée entre les points 0 et 1, conduit à

$$k \log \frac{p_1}{p_0} = g (z_1 - z_0) - \frac{1}{2} (u^2{}_1 - u^2{}_0).$$

Mais les singulières inconséquences de cette formule signalées par M. de Saint-Venant l'ont fait abandonner depuis longtemps [1]. Et, jusqu'ici, dans les applications, on se contente d'estimer les vitesses d'écoulement des fluides d'après des formules qui n'ont aucun caractère de rigueur ni de généralité.

11. Un artifice très-simple va nous permettre de présenter l'intégrale de l'équation (1) sous une forme complétement générale.

Appelons v le volume du kilogramme de fluide, alors

$$g\rho = \frac{1}{v};$$

par suite, l'équation (1) peut s'écrire

$$gv \, dp = g \, dz - u \, du.$$

L'intégration n'offre plus aucune espèce de difficulté et donne

$$\int_{p_0}^{p_1} vdp = (z_1 - z_0) - \left(\frac{u^2{}_1}{2g} - \frac{u_0{}^2}{2g} \right). \tag{2}$$

On reconnaît dans le premier membre l'aire d'un diagramme tel que ceux que nous avons considérés précédemment, et que l'on saura toujours construire à la condition de connaître, en nombre suffisant, les valeurs correspondantes de v et de p.

---

[1] La masse de fluide qui s'écoulerait dans le vide serait nulle; et pour qu'elle atteignît son *maximum*, il faudrait substituer au vide une pression égale environ aux 0,6 de la pression du fluide s'écoulant. Résultats absurdes.

12. Dans le cas du problème de l'écoulement, l'inconnue étant $u_0 = u$, on considère u_1 comme négligeable. Si l'on pose, suivant nos notations accoutumées,

$$D \doteq \int_{p_0}^{p_1} v \; dp, \tag{3}$$

et si l'on fait abstraction de la pesanteur, l'équation (2) devient

$$u^2 = 2gD. \tag{4}$$

C'est précisément la formule (1) du chapitre II.

II.

13. On vient de trouver que, dans le cas général, l'intégrale de l'équation fondamentale (1) peut s'écrire

$$\int_{p_0}^{p_1} vdp = (z_1 - z_0) - \left(\frac{u^2_1}{2g} - \frac{u^2_0}{2g} \right).$$

Au second nombre de cette relation figure le terme $(z_1 - z_0)$ dû à l'action de la pesanteur dont il a été fait abstraction précédemment. Or, ce terme est susceptible lui-même d'être ramené à une expression simple que nous allons faire connaître.

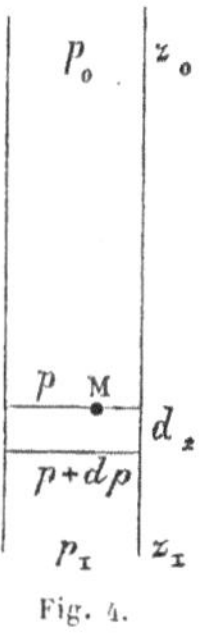

Fig. 4.

Considérons (*fig.* 4) une colonne d'un fluide, une colonne

d'air par exemple, en équilibre sous l'action de la pesanteur. En lui supposant pour section l'unité de surface et en désignant toujours par v le volume du kilogramme, une tranche infiniment mince de hauteur dz pèsera

$$\frac{dz}{v}.$$

Sur les faces horizontales de cette tranche s'exercent des pressions différentes p et $p + dp$; or, on doit avoir pour l'équilibre

$$\frac{dz}{v} = dp \quad \text{ou } dz = vdp,$$

et en intégrant :

$$z_1 - z_0 = \int_{p_0}^{p_1} vdp. \tag{5}$$

Pour interpréter ce résultat, il faut concevoir qu'entre deux stations déterminées z_0 et z_1 on connaisse pour divers points la pression p et la valeur de v ; il est clair que ces quantités rapportées à deux axes rectangulaires, Ox, Oy (fig. 5) fourniront

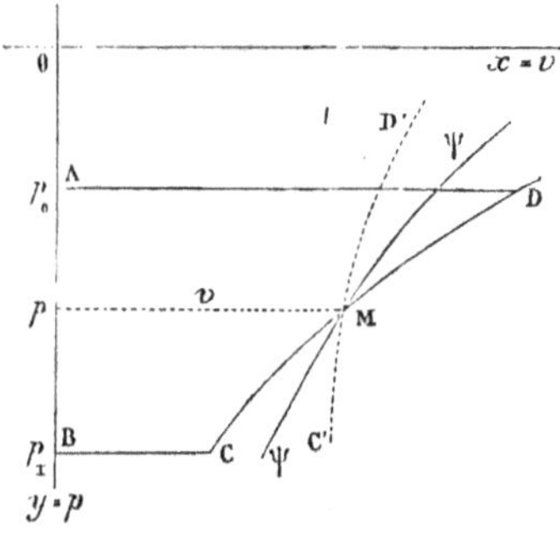

Fig. 5.

un certain diagramme ABCD dont l'aire sera précisément le second membre de l'équation (5). Ainsi :

Etant données deux stations pour lesquelles on connaît les pressions p_0 et p_1, leur différence de niveau a pour mesure l'aire d'une courbe construite en prenant pour ordonnées les pressions p et pour abscisses les volumes v du kilogramme de fluide.

On remarquera qu'au fond l'équation (5) n'est autre chose que l'équation (2) dans laquelle, pour le cas de l'équilibre, on suppose à la fois $u_1 = u_0 = 0$.

C'est aux sciences physiques de fournir, à l'aide de diverses observations barométriques, thermométriques, hygrométriques, etc., les valeurs simultanées de p et v qui serviront à construire le diagramme ABCD. La courbe CD serait une hyperbole équilatère, en admettant la loi de Mariotte, si l'on supposait à la température une valeur constante dans toute l'étendue de la colonne considérée ; ce serait la courbe de détente spéciale à une enveloppe imperméable à la chaleur dans l'hypothèse où de l'une des stations extrèmes à l'autre les pressions, les températures et les valeurs de v varieraient simultanément comme il convient à une détente de cette espèce. — D'après nos conventions, nous appellerons φ la courbe CD dans le premier de ces cas particuliers, et ψ lorsqu'elle répondra au second [1].

14. En fait, pour l'atmosphère, la courbe CD est de nature à changer à chaque instant.

Envisageons la stabilité de l'équilibre.

Dans la colonne en équilibre, isolons par la pensée un petit globule pris en un point quelconque M (*fig.* 4) où la pression est p et le volume du kilogramme v, et supposons-le enveloppé d'une membrane non pesante, imperméable à la chaleur, susceptible de participer sans résistance aucune à toutes ses variations de

---

[1] S'il s'agissait d'une différence de niveau $z_1 - z_0$ assez considérable pour qu'il y eût lieu de tenir compte de la variabilité de g en fonction de z, on s'y prendrait de la manière que voici :

v et p seraient le volume et la pression d'une masse de fluide égale à 1. Alors au lieu de

$$\rho = \frac{1}{v} \qquad \text{et} \qquad z_1 - z_0 = \int_{p_0}^{p_1} v\,dp,$$

on aurait

$$\rho = \frac{1}{v} \qquad \text{et} \qquad \int_{z_0}^{z_1} g\,dz = \int_{p_0}^{p_1} v\,dp.$$

C'est ce qu'il conviendra de ne pas perdre de vue quand il sera question, un peu plus loin, du calcul des hauteurs barométriques volume. L'équilibre sera stable si ce globule, déplacé verticalement dans un sens ou dans l'autre, tend à revenir à son niveau de départ par le fait de la poussée hydrostatique qu'il se trouvera rencontrer. Or, élevé ou abaissé, le globule conserve le même poids, mais son volume varie suivant la loi que représente une courbe ψ menée par le point M de la figure 5 dont les coordonnées sont p et v. Il est donc nécessaire qu'au-dessous de M, les v aient *au plus* les valeurs qui conviendraient à cette courbe ψ ; et qu'au-dessus, ils soient *au moins* égaux à ce qu'ils seraient s'ils répondaient à cette même courbe. On voit par là : 1º que si la courbe CD est de l'espèce ψ elle est la limite de démarcation entre les états stables et instables ; 2º qu'en général, *la stabilité n'est assurée que si, en s'élevant dans la colonne, on rencontre des températures égales ou supérieures à celles qui répondraient à la courbe ψ menée par la plus basse des stations que l'on considère.*

Si la courbe des v était telle que C'D' (*fig.* 5) par rapport à la courbe ψ, les couches d'air superposées seraient en équilibre instable, absolument comme pourrait l'être de l'eau sur de l'huile.

15. Le matin d'un jour d'été, après que le soleil a paru sur l'horizon, la terre commence à s'échauffer, puis la première couche d'air, au contact du sol, se dilate, alors que les régions supérieures de l'atmosphère gardent encore les températures basses d'après lesquelles s'est réglé leur équilibre nocturne. Bientôt cette première couche s'élève ; une seconde la remplace qui, une fois échauffée, monte à son tour, cédant la place à une autre, et ainsi de suite.

Comment tend à s'établir l'ordre de superposition de ces couches qui s'échangent à mesure que le sol gagne sa température du jour ?

Pour nous le représenter, traçons (*fig.* 6) une courbe de l'espèce ψ en prenant pour abscisse de son premier point, C, le volume qu'occupe 1^k d'air à la pression et à la température du niveau du sol. L'équilibre sera instable, d'après ce qu'on vient de voir, tant que, pour les mêmes valeurs de p, la courbe des v construite pour notre colonne d'air offrira, comme CD', des abscisses moindres que la courbe ψ.

La courbe ψ, tracée par le point initial C qu'on vient de définir, nous peint donc le caractère rationnel de l'état d'équilibre vers lequel tendent les couches d'air qui montent, descendent et s'entre-mêlent. Elle nous représente, au même titre, la loi de la décroissance des températures lorsque cet état d'équilibre est atteint ; elle doit ainsi s'étendre (*fig.* 6) jusqu'à un

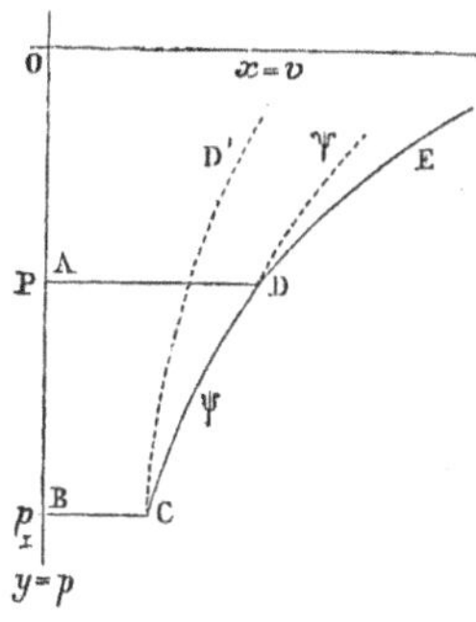

Fig. 6.

certain point D dont les coordonnées p, v, répondent à la couche au-dessus de laquelle les variations de température du sol cessent de faire sentir leur influence. A partir de ce point D, s'il existe, la courbe des v peut n'être plus la courbe ψ, mais elle doit toujours satisfaire, pour l'équilibre, à la loi qui vient d'être énoncée ; c'est-à-dire qu'en ce cas, dans la région élevée de l'atmosphère que délimite le point D, les températures sont nécessairement supérieures, pour les mêmes valeurs de p, à celles qui répondraient à la courbe ψ prolongée. Si la température demeurait la même dans toute cette région, la courbe des v, à partir du point D, serait prolongée par une courbe de l'espèce φ.

16. La formule d'équilibre (5) met en évidence la valeur de la différence de niveau, $z_1 - z_0$ de deux stations : elle est égale à l'aire de la courbe CD (*fig.* 5) dont la mesure algébrique est l'expression

$$\int_{p_0}^{p_1} v\, dp.$$

La formule de Laplace pour la mesure des hauteurs à l'aide du baromètre n'est autre chose qu'une évaluation approchée de cette aire. Imaginons qu'on rapporte à deux axes rectangulaires (*fig.* 7) les quantités p et v relatives aux stations données ;

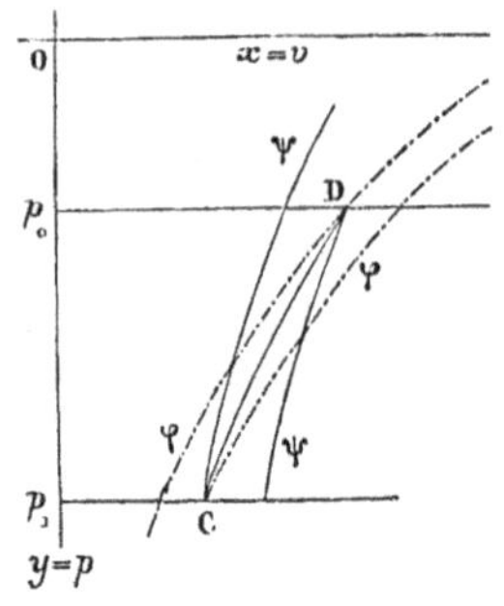

Fig. 7.

on a ainsi, les points extrêmes, C et D, de la courbe CD ; et comme
cette ligne est d'ailleurs inconnue, à moins de multiplier les
observations, la question est de lui substituer, s'il est possible,
une autre courbe définie une fois pour toutes, capable d'offrir
approximativement la même aire.

Laplace a pris une hyperbole équilatère moyenne entre celles
qui, menées l'une par D l'autre par C, répondraient respectivement aux cas où, à partir des stations données, les volumes v
seraient liés aux pressions p d'après la loi de Mariotte.

Mais tant que la station la plus élevée reste comprise dans la
région où les variations de température du sol font sentir leur
influence, la discussion précédente fait voir qu'il vaudrait mieux
substituer aux hyperboles de Laplace des courbes de l'espèce ψ.
Au delà de cette région, la formule la plus convenable peut être
celle de Laplace ou celle des courbes ψ, suivant les cas ; la différence des températures des deux stations guidera le choix,
selon qu'elle tombera entre certaines limites qui seront connues
lorsqu'à l'aide des équations des courbes φ et ψ on aura pris le
soin de dresser des tableaux numériques donnant, pour ces deux
espèces de courbes, les valeurs correspondantes des pressions et
des températures [1].

---

[1] Laplace tient compte dans sa formule de la variabilité de g en fonction
de z. — Voir à ce sujet la note qui accompagne le n⁰ 13.

17. Une application curieuse du calcul des hauteurs consisterait à déterminer l'étendue de l'atmosphère.

Le problème serait résolu si l'on connaissait la courbe des v pour toute l'atmosphère.

En admettant que ce soit une courbe ψ prolongée jusqu'à la limite d'une pression nulle, l'équation que nous donnerons des courbes de cette espèce fait alors trouver 28 kilomètres pour hauteur de l'atmosphère, l'intensité de la pesanteur étant supposée constante dans cette étendue. Dans ces conditions hypothétiques, on verra que la température de la couche extrème de l'atmosphère serait de — 273° ; or, on sait que Fourier a donné — 50° pour valeur de la température des espaces célestes : cette hauteur de 28 kilomètres devrait donc être regardée comme un minimum absolu [1].

III.

18. Comme application des compléments apportés dans ce chapitre à la science de l'hydrodynamique, nous nous proposons d'exposer la théorie rationnelle du tirage des cheminées.

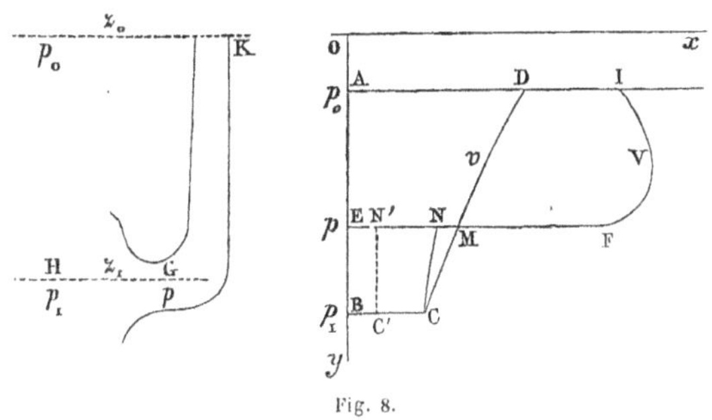

Fig. 8.

---

[1] Nous calculerons plus loin, à l'aide de l'équation des courbes ψ, que si 1 kilogramme d'air, pris à la température et à la pression ordinaires, se détend dans une enveloppe imperméable à la chaleur, sa pression n'est plus que de $0^m 36$ de mercure au moment où sa température tombe à —50°. Dans la question traitée au numéro 16, la courbe ψ (*fig.* 6) ne peut, dans aucun cas, se prolonger au delà du point pour lequel l'ordonnée p répond à une pression de $0^m 36$ de mercure.

Soit GK (*fig.* 8) un tuyau vertical susceptible, par sa forme, de convenir à un écoulement à plein tuyau [1].

Appelons p_0, p_1, les pressions atmosphériques aux niveaux K et G ; z_0 et z_1 les cotes de ces niveaux.

L'équilibre régnant dans l'air, à la condition de s'éloigner suffisamment du tuyau, on sait qu'on a

$$z_1 - z_0 = \int_{p_0}^{p_1} v\,dp. \qquad (6)$$

Soit CD la courbe dont l'aire est exprimée au second membre : nous l'appellerons la courbe de l'équilibre statique extérieur.

19. En premier lieu, nous supposerons le tuyau librement ouvert dans l'air par ses deux extrémités et l'équilibre établi. Alors aux sections G et K du tuyau règnent respectivement les pressions p_1, p_0 ; il peut se faire que pour des niveaux intermédiaires les pressions dans le tuyau soient distinctes des pressions extérieures ; mais il est clair que la somme

$$\int_{p_0}^{p_1} v\,dp,$$

calculée pour l'intérieur du tuyau, somme égale à la différence de niveau $z_1 - z_0$ des sections extrêmes, se trouve nécessairement égale au second membre de l'équation (6), c'est-à-dire à l'aire de la courbe de l'équilibre extérieur.

20. En second lieu, imaginons qu'en vue de détruire l'équilibre, on chauffe l'air dans l'étendue GK du tuyau. Soit H un point du niveau G assez éloigné du tuyau pour que la rupture de l'équilibre ne s'y fasse pas sentir, et où continue de régner la pression p_1 ; en G la pression devient $p < p_1$; enfin l'air sort du tuyau avec une vitesse u qu'il s'agit de déterminer.

Désignons par la variable V le volume d'un kilogramme d'air pris sur le parcours HGK du courant. Traçons la courbe CNFI qui représente les V : en H, le volume V a la valeur déjà figurée par l'abscisse qui répond à la pression p_1 ; de H en G, l'air se

---

[1] On démontre que, dans le sens de l'écoulement, les sections du tuyau ne doivent jamais aller en augmentant.

dilate à froid suivant une courbe ψ ; en G, c'est-à-dire pour l'ordonnée égale à p, le volume V prend un accroissement subit en raison du chauffage ; au delà, V varie suivant une courbe NFI : si l'on estimait à environ 300° la température de sortie de l'air, en K, pour l'ordonnée p_0, on aurait approchant $V=2\,v$.

Nous supposerons d'abord que les parois du tuyau n'occasionnent aucun frottement. Alors, si l'on faisait abstraction de la pesanteur, on aurait pour l'expression de la force vive de 1 kilogramme d'air sortant, la vitesse en H étant nulle,

$$\frac{1}{g}\frac{u^2}{2} = \int_{p_0}^{p_1} V dp = \text{aire BCNFIA.}$$

Mais l'élévation de 1 kilogramme de matière, de G en K, exige une dépense de travail égale à

$$1 \times (z_1 - z_0).$$

Donc on doit écrire :

$$\frac{1}{g}\frac{u^2}{2} = \int_{p_0}^{p_1} V dp - (z_1 - z_0),$$

ou, à cause de l'équation (6),

$$\frac{1}{g}\frac{u^2}{2} = \int_{p_0}^{p_1} V dp - \int_{p_0}^{p_1} v dp = \int_{p_0}^{p_1} (V - v)\, dp. \tag{7}$$

L'interprétation du second membre est évidente : il équivaut à l'aire comprise entre les courbes CNFI et CMD, en la comptant comme positive lorsque $V>v$, et comme négative dans le cas contraire.

21. Enfin, au lieu du mode de chauffage que nous venons de supposer, concevons, en G, une grille sur laquelle on brûle du charbon. Le tuyau est alors traversé par un mélange d'air et de gaz divers provenant de la combustion ; et c'est pour ce mélange qu'il faut entendre maintenant qu'entre les pressions p et p_0, la portion NFI de la courbe des V soit tracée.

Entre les pressions p_1 et p, de H en G, la courbe des V se rapporte toujours à l'air ; seulement, pour produire un kilogramme de mélange fluide dans la cheminée, il n'est appelé qu'une certaine fraction $\dfrac{1}{n}$ de kilogramme d'air ; on doit donc substituer à la portion CN de la courbe de V un arc C'N' qui coupe les abcisses au n^{ieme} de leur longueur comptée à partir de l'axe oy. Si l'on désigne par S l'aire comprise entre les courbes C'N'FI et CMD, en la comptant comme positive ou négative, selon que les abscisses de la première sont plus grandes ou plus petites que celles de la seconde, on aura

$$\frac{1}{g}\frac{u^2}{2} = S. \qquad (8)$$

Ce résultat est d'accord avec l'équation (2) du n° 11.

Jusqu'ici nous avons laissé de côté les frottements ; il y a lieu aussi de tenir compte de la perte de force qu'accusent les tournoiements des gaz à la sortie de la grille et qui persistent jusqu'à la sortie de la cheminée. Soit m un coefficient de réduction, et posons, à défaut de l'équation correcte :

$$(1 + m)\frac{u^2}{2g} = S.$$

On tire de là :

$$u^2 = \frac{2gS}{1 + m}. \qquad (9)$$

Les lignes C'N' et N'FI sont essentiellement changeantes d'un instant à l'autre, comme l'est l'allure du foyer. L'objet des formules empiriques qui servent usuellement au calcul du tirage des cheminées est de donner, pour un état moyen de ces courbes, défini une fois pour toutes, une valeur approchée de S.

CHAPITRE IV.

Établissement et discussion de trois équations au moyen desquelles on peut soumettre au calcul les propriétés calorifiques et expansives des fluides élastiques, soit gaz, soit vapeurs, sans qu'on ait à se préoccuper d'une théorie mécanique de la chaleur. — Chaleurs spécifiques; chaleur latente.

I

22. Etant donné 1^k de gaz qui, à la température t, occupe, sous la pression p, un certain volume v, on peut concevoir que sa détente s'opère de telle ou telle manière, en raison du mode de communication de chaleur auquel on le suppose soumis.

En convenant de compter les volumes et les pressions paral-

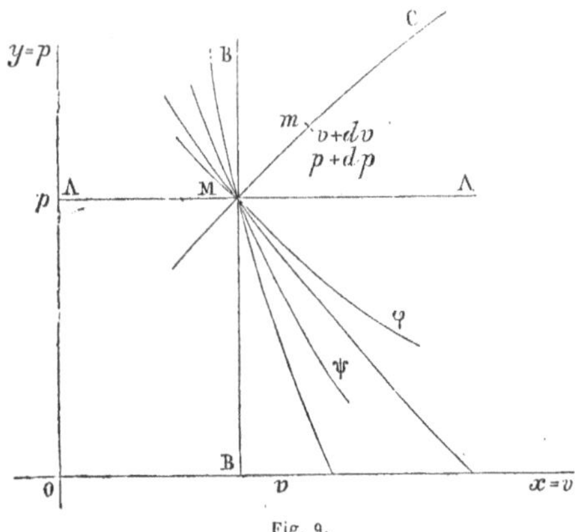

Fig. 9.

lelement à deux axes rectangulaires Ox, Oy (*fig.* 9), la loi qui se trouve relier les volumes v aux pressions durant cette détente sera représentée par une certaine courbe partant d'un point M dont les coordonnées v, p, se rapportent à l'état initial du kilogramme de gaz donné.

Par ce point M il est intéressant de considérer :

1° Une certaine courbe φ répondant au cas où la détente s'opère à température constante t ; nous la représenterons par l'équation

$$\varphi (v, p) = t. \tag{1}$$

C'est cette équation qui, d'après les lois de Mariotte et Gay-Lussac, prend pour l'air la forme spéciale connue :

$$\frac{vp}{1 + \alpha t} = \text{une constante } c,$$

ou, résolvant par rapport à t,

$$\frac{vp}{\alpha c} - \frac{1}{\alpha} = t.$$

2° La courbe ψ de détente naturelle dans une enveloppe imperméable à la chaleur. Ses coordonnées courantes v et p, ne dépendent que de l'état initial du kilogramme de gaz, c', n désignant une constante, nous pouvons la représenter par l'équation

$$\psi (v, p) = n. \tag{2}$$

3° Une courbe MC quelconque, qui pourra toujours être considérée comme une courbe de détente, à la condition de supposer que l'on chauffe ou refroidisse le gaz convenablement.

La quantité de chaleur qu'il faut mettre en jeu pour que, le long d'une courbe donnée, l'état de détente passe d'un point v, p à un autre v', p' dépend de v, p, v' et p'.

Soit δQ la quantité de chaleur à donner ou retirer pour passer ainsi, en ligne droite, d'un point v, p, à un point infiniment voisin $v+dv$, $p+dp$. On emploie ordinairement, pour exprimer une quantité infiniment petite, telle que δQ, qui dépend de deux variables indépendantes, dv, dp, l'équation

$$\delta Q = A dv + B dp, \tag{3}$$

dans laquelle A et B sont des fonctions de v et p, qu'il s'agit de déterminer.

II

23. Les propriétés calorifiques et expansives d'un gaz se manifestent évidemment dans tout mode défini de détente qu'il se trouve suivre. Nous allons, en effet, pouvoir les soumettre au calcul en discutant les trois équations fondamentales (1), (2) et (3) que nous venons d'écrire.

En premier lieu, interprétons les fonctions inconnues A et B, qui figurent dans l'équation (3). Cette équation devient

$$\delta Q = A\,dv \text{ dans le cas particulier où } p \text{ demeure constant,}$$

et

$$\delta Q = B\,dp \text{ dans le cas particulier où } v \text{ demeure constant.}$$

A est donc la quantité de chaleur à dépenser pour que, la détente se faisant suivant une parallèle MA à l'axe des x, le volume augmente de 1 ; et B, celle que l'on doit fournir pour que la pression croisse de 1, dans le cas où la détente s'opère suivant une parallèle MB à l'axe Oy.

Jusqu'ici ces quantités A et B n'ont pas été l'objet de déterminations expérimentales directes, mais les physiciens se sont plu à rechercher *les chaleurs spécifiques,* et il est facile, comme on va le voir, de passer des unes aux autres.

Différentions l'équation (1), et dans l'expression

$$dt = \frac{d\varphi}{dv}\,dv + \frac{d\varphi}{dp}\,dp, \tag{4}$$

faisons successivement p ou v constant ; elle se réduira alors à

$$dt = \frac{d\varphi}{dp}\,dv \qquad \text{ou} \qquad dt = \frac{d\varphi}{dp}\,dp\,;$$

tirant de ces dernières relations dv et dp pour les porter dans les valeurs de δQ relatives aux mêmes suppositions, il vient : dans le cas de p constant

$$\delta Q = A\,dv = A\,\frac{dt}{\dfrac{d\varphi}{dv}},$$

et dans le cas de v constant

$$\delta Q = B dp = B \frac{dt}{\dfrac{d\varphi}{dp}}.$$

Ces transformations algébriques conduisent aux interprétations suivantes :

D'une part, $\dfrac{A}{\dfrac{d\varphi}{dv}}$ est la quantité de chaleur nécessaire pour que, la pression du gaz ne changeant pas, sa température augmente de 1. C'est la quantité que les physiciens appellent *chaleur spécifique sous pression constante*; nous la désignerons par a.

D'autre part, $\dfrac{B}{\dfrac{d\varphi}{dp}}$ est la quantité de chaleur à dépenser pour que, le volume du gaz ne changeant pas, sa température augmente de 1. C'est la quantité qui porte le nom de *chaleur spécifique sous volume constant*; nous la désignerons par b.

Il suit de là qu'on a, *entre les fonctions A et B et les chaleurs spécifiques a et b*, les relations très-remarquables :

$$A = a \frac{d\varphi}{dv}, \qquad\qquad B = b \frac{d\varphi}{dp}. \qquad (5)$$

Par suite, portant ces valeurs de A et B dans l'équation (3), l'expression générale de δQ pourra s'écrire

$$\delta Q = a \frac{d\varphi}{dv} dv + b \frac{d\varphi}{dp} dp. \qquad (3\ bis.)$$

24. — Passons à la discussion des cas particuliers.

Dans le cas où la détente se fait suivant la courbe φ, le premier membre dt de l'expression (4) est nul ; c'est à-dire qu'on a :

$$0 = \frac{d\varphi}{dv} dv + \frac{d\varphi}{dp} dp. \qquad (6)$$

Cette relation est nécessaire entre v et p pour que la droite qui joint les points infiniment voisins v, p, et $v + dp$, $p + dp$, soit tangente à la courbe φ ; si l'on en tire dp, l'équation (3 *bis*) donne pour l'expression de la quantité de chaleur à fournir, dans le cas particulier qui nous occupe :

$$\delta Q = a \frac{d\varphi}{dv} dv - b \frac{d\varphi}{dv} dv = (a - b) \frac{d\varphi}{dv} dv.$$

Or, cette quantité de chaleur qu'on est dans la nécessité de fournir au gaz pour que sa détente s'opère suivant la courbe φ, ne fait que le maintenir à une température constante ; il ne la manifesterait pas sur un thermomètre qui y serait plongé. Le rôle spécial de cette chaleur nous paraît ici parfaitement défini, et le coefficient de dv, c'est-à-dire

$$\lambda = (a - b) \frac{d\varphi}{dv}, \tag{7}$$

qui exprime la quantité de chaleur à fournir pour que, sans accroissement sensible de température, le volume du gaz augmente de 1, est ce que nous conviendrons d'appeler la *chaleur latente* du gaz.

25. Examinons maintenant le cas particulier où la détente se fait suivant la courbe ψ ; alors, par définition

$$\delta Q = 0 \quad \text{donc} \quad A dv + B dp = 0 ;$$

d'ailleurs on a :

$$\frac{d\psi}{dv} dv + \frac{d\psi}{dp} dp = 0. \tag{8}$$

Si l'expression $A dv + B dp$ n'est pas différentielle exacte, on sait qu'il existe un facteur, $\frac{1}{T}$, tel que le premier membre de

$$\frac{A}{T} dv + \frac{B}{T} dp = 0, \tag{9}$$

soit différentielle exacte. La condition algébrique qui détermine T est la suivante

$$\frac{d}{dp} \left(\frac{A}{T} \right) = \frac{d}{dv} \left(\frac{B}{T} \right).$$

Cette condition étant supposée satisfaite, l'équation (9) est intégrable et il faut qu'on trouve soit

$$\psi\,(v,\,p) = \text{constante} = n$$

soit

$$F\,[\psi\,(v,\,p)] = \text{constante} = n.$$

On sait aussi que si un diviseur T rend intégrable l'équation (9), il en sera de même d'une série de diviseurs de la forme

$$Tf[\psi\,(v,\,p)].$$

Désignons par T celui de tous ces diviseurs qui rend identiques les équations (8) et (9). Écrivons alors

$$A = T\,\frac{d\psi}{dv}, \qquad\qquad B = T\,\frac{d\psi}{dp}, \qquad\qquad (10)$$

relations symétriques de formes avec les équations (5) du n° 23.

26. Revenons maintenant à l'expression générale de δQ, savoir :

$$\delta Q = A\,dv + B\,dp$$

qui déjà (23) s'est présentée sous la forme équivalente (3 *bis*)

$$\delta Q = a\,\frac{d\psi}{dv}\,dv + b\,\frac{d\psi}{dp}\,dp;$$

on voit, qu'en raison des relations (10), elle peut encore s'écrire

$$\delta Q = T\,\frac{d\psi}{dv}\,dv + T\,\frac{d}{dp}\,dp$$

ou, tout simplement,

$$\delta Q = T\,dn, \qquad\qquad (3\ ter.)$$

Comme corollaire, on peut tirer de la dernière égalité

$$dn = \frac{\delta Q}{T},$$

et conclure de là que $\dfrac{\delta Q}{T}$ doit être différentielle exacte.

27. Les éléments de cette discussion nous fournissent, entre les coefficients angulaires $\left(\dfrac{dp}{dv}\right)_\varphi$ et $\left(\dfrac{dp}{dv}\right)_\psi$, des courbes φ et ψ, une relation curieuse dont nous tirerons parti plus loin.

De l'équation différentielle (6) :

$$\frac{d\varphi}{dv}\,dv + \frac{d\varphi}{dp}\,dp = 0,$$

on tire pour l'expression du coefficient angulaire de la tangente à courbe φ

$$\left(\frac{dp}{dv}\right)_\varphi = -\,\frac{\dfrac{d\varphi}{dv}}{\dfrac{d\varphi}{dp}}.$$

D'un autre côté, on doit avoir, le long d'une courbe de l'espèce ψ :

$$\partial Q = A dv + B dp = 0.$$

et par conséquent :

$$\left(\frac{dp}{dv}\right)_\psi = -\,\frac{A}{B}.$$

Mais les relations (5) donnent :

$$\frac{A}{B} = \frac{d}{b}\,\frac{\dfrac{d\varphi}{dv}}{\dfrac{d\varphi}{dp}}.$$

Donc enfin

$$\left(\frac{dp}{dv}\right)_\psi = \frac{a}{b}\left(\frac{dp}{dv}\right)_\varphi. \tag{11}$$

D'où ce théorème : *Le rapport des coefficients angulaires des tangentes aux courbes de détente ψ et φ est celui des chaleurs spécifiques du gaz.*

III

28. — La manière dont nous avons traité les équations (1) (2) et (3), et mis en évidence les chaleurs spécifiques a et b, ainsi que la chaleur latente λ, constitue une méthode de calcul propre à mettre en lumière les propriétés calorifiques et expansives des gaz.

Avant de faire des applications de cette méthode, nous allons la reprendre, sous une autre forme, avec un autre choix de variables indépendantes, afin d'en bien faire comprendre l'esprit.

En effet, entre les quatre quantités v, p, t, n, nous posons deux relations, spécifiant l'une la courbe φ, l'autre la courbe ψ ; deux de ces quantités peuvent donc être prises comme variables indépendantes. Nous venons de prendre comme telles v et p ; prenons actuellement v et t. Ce dernier choix a d'autant plus d'intérêt qu'il nous fournira les formules les mieux appropriées au cas des vapeurs.

Posons donc : 1° pour l'équation relative à la détente sous température constante :

$$p = \varphi' \, (v, \, t). \tag{1}$$

C'est cette équation qui, d'après les lois de Mariotte et Gay-Lussac prend, pour l'air, la forme spéciale connue :

$$\frac{vp}{1 + \alpha t} = \text{une constante } c,$$

ou, résolvant par rapport à p,

$$p = \frac{c \, (1 + \alpha t)}{v} \, ;$$

2° Pour l'équation relative à la détente naturelle dans une enveloppppe imperméable à la chaleur, n désignant une constante :

$$n = \psi' \, (v, \, t). \tag{2}$$

Nous conviendrons de dire encore, pour simplifier les notations et le discours, que l'équation (1) se rapporte à une courbe de l'espèce φ, et l'équation (2) à une courbe de l'espèce ψ.

Traçant deux axes rectangulaires et comptant les v suivant l'un, les t parallèlement à l'autre, nous rapporterons à ces axes les divers états du gaz.

3° Exprimons enfin la quantité de chaleur δQ nécessaire pour que, rapportée aux axes ainsi choisis, la dilatation se fasse, en ligne droite, d'un point à un point infiniment voisin, et posons :

$$\delta Q = \lambda dv + bdt, \tag{3}$$

λ et b étant des fonctions inconnues de v et t.

Cherchons, en premier lieu, à définir ces fonctions λ et b. A cet effet, remarquons que l'équation (3) devient :

$$\delta Q = bdt, \text{ si l'on suppose } v = \text{constante},$$

et

$$\delta Q = \lambda dv, \text{ si l'on suppose } t = \text{constante};$$

b est donc la quantité de chaleur à dépenser pour que, le volume du gaz demeurant constant, sa température augmente de 1 : c'est par conséquent *la chaleur spécifique sous volume constant*; quant à λ, c'est, dans le cas où la dilatation se fait suivant une courbe de l'espèce φ, la quantité de chaleur nécessaire pour que le volume augmente de 1 ; c'est ce que nous avons appelé déjà la *chaleur latente*.

Actuellement, différentions (1) et dans l'expression :

$$dp = \frac{d\varphi'}{dv}\, dv + \frac{d\varphi'}{dt}\, dt,$$

introduisons l'hypothèse de p constant; elle devient :

$$0 = \frac{d\varphi'}{dv}\, dv + \frac{d\varphi'}{dt}\, dt,$$

tirant de là dv et portant sa valeur dans (3), il vient pour celle de δQ relative au cas de la détente sous pression constante,

$$\delta Q = \left[-\lambda\, \frac{\dfrac{d\varphi'}{dt}}{\dfrac{d\varphi'}{dv}} + b \right] dt.$$

Or, le facteur qui multiplie dt au second membre est la quantité de chaleur nécessaire pour que, la pression du gaz ne changeant pas, sa température augmente de 1 : *c'est sa chaleur spécifique sous pression constante* désignée précédemment par a.

On a, par suite :

$$a = -\lambda \frac{\dfrac{d\varphi'}{dt}}{\dfrac{d\varphi'}{dv}} + b,$$

d'où

$$\lambda = -(a - b) \frac{\dfrac{d\varphi'}{dv}}{\dfrac{d\varphi'}{dt}}. \tag{4}$$

Cette valeur de λ substituée dans l'équation (3) donne, à l'expression générale de δQ, la forme

$$\delta Q = -(a - b) \frac{\dfrac{d\varphi'}{dv}}{\dfrac{d\varphi'}{dt}}\, dv + b\,dt. \tag{3 bis}$$

29. Dans le cas particulier où la dilatation se fait suivant une courbe de l'espèce ψ, on doit avoir, par définition :

$$\delta Q = 0 \quad \text{donc} \quad \lambda dv + b dt = 0.$$

d'ailleurs on a

$$\frac{d\psi'}{dv}\, dv + \frac{d\psi'}{dt}\, dt = 0; \tag{5}$$

Si l'expression $\lambda dv + b dt$ n'est pas différentielle exacte, on sait qu'il existe un facteur $\dfrac{1}{T}$ tel que le premier membre de

$$\frac{\lambda}{T}\, dv + \frac{b}{T}\, dt = 0; \tag{6}$$

soit différentielle exacte. La condition algébrique qui détermine T est la suivante :

$$\frac{d}{dt}\left(\frac{\lambda}{T}\right) = \frac{d}{dv}\left(\frac{b}{T}\right).$$

Cette condition étant supposée satisfaite, l'équation (6) est intégrable et il faut qu'on trouve soit

$$\psi'\,(v,\,t) = \text{constante} = n$$

soit

$$F\,[\psi'\,(v,t)] = \text{constante} = n.$$

On sait que si un diviseur T rend intégrable l'équation (6), il en sera de même d'une série de diviseurs de la forme

$$Tf\,[\psi\,(v,t)].$$

Désignons par T celui de tous ces diviseurs qui rend identiques les équations (5) et (6). Écrivons alors

$$\lambda = T\,\frac{d\psi'}{dv}, \qquad\qquad b = T\,\frac{d\psi'}{dt}, \qquad\qquad (7)$$

30. En portant ces valeurs de λ et b dans l'expression générale (3) de δQ, il vient :

$$\delta Q = T\,\frac{d\psi'}{dv}\,dv + T\,\frac{d\psi'}{dt}\,dt.$$

ou, tout simplement

$$\delta Q = Tdn, \qquad\qquad (3\ ter)$$

forme obtenue déjà précédemment (26) avec un autre choix de variables.

IV.

31. — La méthode doit être maintenant comprise. Les quatre quantités v, p, t, n, peuvent être groupées deux à deux de six manières différentes ; et chacun de ces groupes, considéré à son tour comme celui des variables indépendantes, donnerait lieu à une discussion analogue aux précédentes.

Rien de plus simple que de représenter graphiquement une fonction quelconque des variables indépendantes choisies, en comptant celles-ci parallèlement à deux axes rectangulaires.

Inversement, toute ligne tracée dans le plan de ces axes pourra être considérée comme représentant un mode défini de détente à la condition que l'on donne ou retire au fluide une quantité de chaleur convenable. Dans chacun des cas, au début du calcul, on exprimera d'une façon spéciale bien évidente la quantité de chaleur δQ à dépenser pour que la détente, rapportée aux axes choisis, se fasse en ligne droite d'un point à un point infiniment voisin. Ainsi nous avons posé :

$$\delta Q = A\,dv + B\,dp,$$

v et p étant les variables indépendantes. Puis on a eu (28)

$$\delta Q = \lambda\,dv + b\,dt,$$

en choisissant pour telles v et t.

Le choix de p et t comme variables indépendantes conduit, par une marche semblable, à la formule

$$\delta Q = \mu\,dp + a\,dt$$

μ désignant la chaleur *latente* uécessaire pour augmenter la pression de 1, le long d'une courbe de l'espèce φ, de même que λ est celle qui fait croître de 1 le volume. D'ailleurs on a

$$\mu = \left(b - \frac{d\varphi}{dp}\right)$$

expression analogue à celle de λ (24), et que présente l'élimination de dv entre l'équation (6) du numéro 24 et l'équation 3 *bis* mentionnée à ce même numéro.

Dans le cas où l'on considérerait, par exemple, n et t comme indépendantes, on poserait :

$$\delta Q = T\,dn + E\,dt.$$

Or, toutes ces expressions de δQ se ramèneront toujours à la forme

$$\delta Q = T\,dn.$$

C'est ce qu'on reconnaît immédiatement sur la dernière. En effet, par chacun des points infiniment voisins m et m' marqués dans le plan des axes Ox, Oy (*fig.* 10), traçons la courbe, dite de l'espèce φ, répondant au cas de la détente sous température constante, et la courbe dite de l'espèce ψ, répondant au cas de la détente dans une enveloppe imperméable à la chaleur. Ces courbes vont dessiner un quadrilatère $s\,m\,s'\,m'$ dont $m\,m'$ est la diagonale, et dont les côtés, comme cette diagonale, seront infiniment petits. Faisons maintenant l'hypothèse $t =$ constante ; l'expression de δQ devient

$$\delta Q = T dn :$$

c'est la quantité de chaleur nécessaire pour que la détente se fasse, le long d'une courbe de l'espèce φ, de m en s. Supposons ensuite $n =$ constante, il vient

$$\delta Q = E dt,$$

pour expression de la quantité de chaleur à dépenser lorsque la détente se fait, le long d'une courbe de l'espèce ψ, de s en m' ;

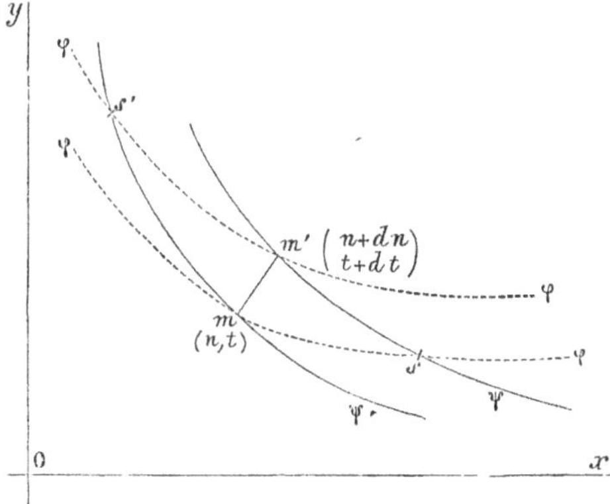

Fig. 10.

mais par définition cette dernière quantité est nulle, donc $E = 0$.

Par suite, l'expression général de δQ, dans le cas du dernier choix fait pour les variables indépendantes, se réduit à

$$\delta Q = T\,dn\,;$$

elle est donc bien de la forme annoncée.

Si l'on rapproche les expressions (3 *ter*) de δQ qui se sont présentées l'une au n° 26, l'autre au n° 30, et celle que nous venons d'écrire en dernier lieu, il est bon de remarquer que T :

Est une fonction inconnue de v et p dans la première,

Une fonction inconnue de v et t dans la seconde,

Une fonction inconnue de t et n dans la dernière.

Pour des valeurs correspondantes de v, p, t, n, ces facteurs T des trois équations en question ont nécessairement la même valeur numérique, puisque δQ est une quantité qui, dans les trois cas, a une même signification physique.

32. Plus généralement, si l'on était amené à prendre pour variables indépendantes des quantités ξ et η telles que v, p, t, n, fussent chacune des fonctions de ξ et η, la même marche serait à suivre. Ayant posé

$$\delta Q = X\,d\xi + Y\,d\eta,$$

on saurait mettre en évidence les chaleurs spécifique et latente et poursuivre la discussion comme nous l'avons développé dans le courant de ce chapitre.

CHAPITRE V.

Propriété curieuse des courbes de détente φ et ψ, et application au calcul de la vitesse du son. — Expression simplifiée de la vitesse du son convenant, à la fois, au cas d'une barre solide et au cas d'une colonne de fluide élastique d'une espèce quelconque. — Généralisation de la correction qui a été découverte par Laplace, au sujet d'un facteur égal au rapport des chaleurs spécifiques sous pression constante et sous volume constant.

33. On a vu, dans les premiers chapitres, l'application des courbes φ et ψ à une série de questions variées; une propriété curieuse de ces courbes apporte un utile complément à la théorie du son.

Nous ferons connaître, en premier lieu, une expression de la vitesse du son qui, indépendamment de sa simplicité, a le mérite d'une extrème généralité en ce qu'elle convient également au cas d'une barre solide et au cas d'une colonne de fluide élastique d'une espèce quelconque.

Une notion bien connue que nous allons rappeler, donnera l'intelligence de la notation simplifiée dont il s'agit. On sait que si dl désigne l'allongement d'un prisme de section égale à l'unité et de longueur l, sollicité par une force dF, on écrit, au premier degré d'approximation, entre dF et dl, la relation usuelle

$$dF = E\,\frac{dl}{l},$$

E étant une constante qui joue un grand rôle dans la résistance des matériaux. Pour un gaz occupant le volume v sous la pression p et dont le volume diminue de dv lorsque la pression croît de dp, on peut écrire une relation analogue :

$$dp = -\,\varepsilon\,\frac{dv}{v}, \tag{1}$$

Cela dit, la vitesse u de la propagation du son est donnée, pour toutes les substances, par la formule unique

$$u = \sqrt{gv\varepsilon},\tag{2}$$

dans laquelle v désigne le volume de 1 kilogramme de la substance; ε étant le coefficient de la formule (1), lequel, s'il s'agit de corps solides, n'est autre que le coefficient E de la résistance des matériaux.

34. Comme exemple, on peut particulariser la formule (2) pour des cas donnés tels que celui d'une barre de fer ou celui d'une colonne d'air.

Nous allons nous attacher à ce dernier cas.

Pour l'air, en remplaçant ε par sa valeur déduite de la relation (1), la formule (2) devient

$$u = \sqrt{- gv^2 \frac{dp}{dv}}.$$

Le rapport $\dfrac{dp}{dv}$ du second membre doit se tirer de la loi qui lie entre elles les quantités p et v. Les physiciens ont raisonné d'abord comme si, dans le phénomène de la propagation du son, la détente des diverses couches d'air suivait la loi de Mariotte, c'est-à-dire comme si l'on avait :

$$vp = \text{constante}, \quad \text{d'où} \quad \frac{dp}{dv} = - \frac{p}{v},$$

relation qui conduit à la valeur :

$$u = \sqrt{gvp}.\tag{3}$$

C'est la formule donnée par Newton, du moins sous une forme équivalente. Mais elle ne s'est pas trouvée d'accord avec l'expérience, et l'on doit au génie de Laplace la découverte d'une correction qu'il va nous être facile de généraliser. La remarque fondamentale consiste à reconnaître qu'en général, le nombre des vibrations (plus de 800 par seconde pour la propagation du *la* du diapason) est trop considérable pour que les diverses couches d'air puissent subir aucune communication de chaleur; chacune d'elles, en se dilatant et se contractant, suit donc la loi de la détente dans une enveloppe imperméable à la chaleur bien plus vraisemblablement que la loi de Mariotte. Il s'ensuit que le $\dfrac{dp}{dv}$ doit être pris le long d'une courbe de l'espèce ψ et non comme le suppose la formule (3), suivant une courbe de l'espèce φ. Or, dans le chapitre précédent (27), nous avons démontré, entre les coefficients angulaires de ces deux sortes de courbes, la relation

$$\left(\frac{dp}{dv}\right)_{\psi} = \frac{a}{b}\left(\frac{dp}{dv}\right)_{\varphi},$$

d'où l'on conclut que la quantité sous le radical de la formule (2) doit être multipliée par le rapport $\dfrac{a}{b}$ des chaleurs spécifiques sous pression constante et sous volume constant, ce qui donne enfin

$$u = \sqrt{g\,\frac{a}{b}\,vp}. \tag{4}$$

Telle est, en effet, la correction indiquée par Laplace.

De la façon élémentaire dont nous venons de l'établir, nous n'avons pas eu besoin de supposer au rapport $\dfrac{a}{b}$ une valeur constante : cette correction se présente ici avec une complète généralité, quoi qu'il en soit de la nature de ce rapport.

Dans le chapitre suivant, nous aurons l'occasion de faire des applications numériques de la formule (4).

CHAPITRE VI.

Équation de la courbe de détente d'une masse gazeuse dans une enveloppe non perméable à la chaleur, les lois de Mariotte et de Gay-Lussac étant supposées applicables, et, de plus, les chaleurs spécifiques du gaz sous pression constante et sous volume constant étant supposées des constantes. — Quantité de chaleur à dépenser pour que la dilatation d'une masse d'air se fasse suivant une loi donnée; cas où cette loi répond au diagramme D limité par une courbe ψ. — Vitesse d'écoulement de l'air dans le vide; son rapport à la vitesse de propagation du son. — Limite inférieure de la hauteur de l'atmosphère.

35. La courbe de détente d'un fluide dans une enveloppe imperméable à la chaleur intéresse au plus haut degré, nonseulement, comme nous l'avons dit, la théorie des machines motrices, mais encore un grand nombre de questions de physique, ainsi que nous en avons vu un exemple dans le problème de l'écoulement des fluides.

Nous allons rechercher l'équation de cette courbe pour l'air. Nous la trouverons, comme application de la théorie du chapitre IV, en ne faisant, comme on le verra, que les hypothèses généralement admises.

36. En acceptant, comme applicables à l'air, les lois de Mariotte et de Gay-Lussac, c'est-à-dire la relation

$$\frac{vp}{1+\alpha t} = \text{constante } c,$$

on a, en résolvant celle-ci par rapport à t :

$$\frac{vp}{\alpha c} - \frac{1}{\alpha} = t. \tag{1}$$

C'est, pour l'air, t étant supposé constant, l'équation d'une courbe de l'espèce φ.

Nous nous proposons de trouver l'équation :

$$\psi\,(v,\,p) = n, \qquad (2)$$

de la courbe de détente dans une enveloppe imperméable à la chaleur.

Nous nous proposons aussi de calculer la quantité de chaleur δQ, nécessaire pour faire passer 1 kilogramme d'air de l'état v, p à l'état $v + dv$, $p + dp$, suivant une ligne droite qui, sur le plan de la *fig.* 9, joindrait le point v, p, au point infiniment voisin $v + dv$, $p + dp$. On a trouvé dans le chapitre IV pour δQ, l'expression générale

$$\delta Q = a\,\frac{d\varphi}{dv}\,dv + b\,\frac{d\varphi}{dp}\,dp. \qquad (3)$$

Or, l'équation (1) donne :

$$\frac{d\varphi}{dv} = \frac{p}{\alpha c}, \qquad \frac{d\varphi}{dp} = \frac{v}{\alpha c},$$

portant ces valeurs dans (3), il vient :

$$\delta Q = \frac{1}{\alpha c}\left(apdv + bvdp\right), \qquad (4)$$

ou, sous une forme plus commode, en chassant c à l'aide de l'équation (1) :

$$\delta Q = \left(\frac{1}{\alpha} + t\right)\left(a\,\frac{dv}{v} + b\,\frac{dp}{p}\right). \qquad (5)$$

Telle est l'expression de δQ en fonction de v et p considérés comme variables indépendantes.

Mais il nous sera également utile d'avoir cette même expression dans le cas où, pour variables indépendantes, on prendra, soit v et t, soit p et t. La question est d'éliminer, ou p, ou v, entre les équations (5) et (1), ce qui est très-facile, car cette dernière équivaut à

$$\log.\,v + \log p - \log \alpha c = \log\left(\frac{1}{\alpha} + t\right),$$

d'où l'on tire, en différentiant,

$$\frac{dv}{v} + \frac{dp}{p} = \frac{dt}{\dfrac{1}{\alpha} + t},$$

équation qui, associée à (5), conduit aux expressions cherchées

$$\delta Q = \left(a - b\right) \left(\frac{1}{\alpha} + t\right) \frac{dv}{v} + b\,dt, \qquad \text{(5 bis.)}$$

$$\delta Q = - \left(a - b\right) \left(\frac{1}{\alpha} + t\right) \frac{dp}{p} + a\,dt. \qquad \text{(5 ter.)}$$

Il est bon de remarquer que ces dernières expressions sont précisément celles qu'on trouverait directement en appliquant, au cas des variables prises pour indépendantes, la méthode exposée dans le chapitre IV. Pour en donner un exemple, si ces variables étaient v et t, l'équation (1) résolue par rapport à p se présenterait sous la forme

$$p = \frac{\alpha c}{v}\left(\frac{1}{\alpha} + t\right);$$

C'est l'équation (1) du numéro 28 (chapitre IV). Si l'on en tire les valeurs de $\dfrac{d\varphi'}{dv}, \dfrac{d\varphi'}{dt}$, pour les porter dans l'expression (3 bis) du même numéro qui est appropriée au choix actuel des variables indépendantes, on retombe bien sur l'équation 5 bis trouvée ci-dessus.

37. Dans le cas particulier où la détente se fait dans une enveloppe non perméable à la chaleur, on a

$$\delta Q = 0,$$

et les équations (5), (5 bis) et (5 ter) deviennent :

$$\left(\frac{1}{\alpha} + t\right) \left(a \frac{dv}{v} + b \frac{dp}{p}\right) = 0; \qquad (6)$$

$$\left(a - b\right)\left(\frac{1}{\alpha} + t\right)\frac{dv}{v} + bdt = 0; \qquad \text{(6 bis.)}$$

$$-\left(a - b\right)\left(\frac{1}{\alpha} + t\right)\frac{dp}{p} + adt = 0. \qquad \text{(6 ter.)}$$

équations dont chacune, par l'intégration, donnera l'équation de la courbe de détente ψ cherchée en fonction, la première de v et p, la seconde de v et t, et la dernière de p et t.

38. Pour intégrer les équations (6), (6 *bis*) et (6 *ter*), il est nécessaire de connaître les chaleurs spécifiques a et b qui répondent aux diverses valeurs des variables indépendantes. Or, les expériences de M. Regnault nous autorisent à considérer, pour l'air, a comme une constante. M. Regnault donne

$$a = 0{,}2375.$$

Quant à b, les expériences manquent; b n'est déduit que de la connaissance du rapport $\dfrac{a}{b}$ fourni par la théorie du son.

Nous supposerons ici à b, comme à a, une valeur constante, hypothèse généralement admise, et qu'ultérieurement la théorie mécanique de la chaleur nous fournira le moyen de contrôler.

Nous admettrons donc, quelles que soient les valeurs des variables :

$$a = 0{,}2375, \qquad \frac{a}{b} = 1{,}3979, \text{ soit } 1{,}4.$$

et, par suite :

$$b = 0{,}1696 \qquad \frac{b}{a} = \frac{5}{7};$$

$$\frac{a}{a - b} = \frac{7}{2} = 3{,}5, \qquad \frac{b}{a - b} = \frac{5}{2} = 2{,}5;$$

$$\frac{a - b}{a} = \frac{2}{7}, \qquad \frac{a - b}{b} = \frac{2}{5} = 0{,}4.$$

39. Grâce à ces suppositions, il devient facile d'intégrer les équations précédentes.

1° Considérons d'abord l'équation (6). Le facteur $\frac{1}{T}$, qui rend le premier membre différentielle exacte, est tel que :

$$T = \frac{1}{\alpha} + t = 272,85 + t.$$

L'intégrale est

$$a \log . v + b \log . p = \text{constante},$$

ou, sous une forme équivalente :

$$v^a \, p^b = \text{constante} = n.$$

Telle est l'équation (2) cherchée de la courbe φ.

Si on se donne un état initial du kilogramme de gaz tel que son volume soit v_1 sous la pression p_1, cette dernière équation s'écrira :

$$\left(\frac{v}{v_1}\right)^a \left(\frac{p}{p_1}\right)^b = 1,$$

ou, sous une forme équivalente

$$\frac{v}{v_1} = \left(\frac{p_1}{p}\right)^{\frac{b}{a}} = \left(\frac{p_1}{p}\right)^{\frac{b}{7}}. \qquad (7)$$

2° Pour l'équation (6 *bis*), il est visible que l'on a encore

$$T = \frac{1}{\alpha} + t.$$

L'intégrale est :

$$v^{a-b} \left(\frac{1}{\alpha} + t\right)^b = \text{constante};$$

et si v_1 désigne, à la température initiale t_1, le volume du kilogramme de gaz, elle devient :

$$\frac{v}{v_1} = \left(\frac{\frac{1}{\alpha} + t_1}{\frac{1}{\alpha} + t}\right)^{\frac{b}{a-b}} = \left(\frac{\frac{1}{\alpha} + t_1}{\frac{1}{\alpha} + t}\right)^{\frac{5}{2}}. \qquad (7 \ bis)$$

C'est la relation qui lie les volumes aux températures le long de la courbe ψ.

3° Enfin, pour l'équation 6 *ter*, on voit que l'on a de même :

$$T = \frac{1}{\alpha} + t.$$

L'intégrale est :

$$\frac{\left(\frac{1}{\alpha} + t\right)^a}{p^{a-b}} = \text{constante};$$

par conséquent, si p_1 désigne la pression du kilogramme de gaz, à l'état initial, alors que sa température est t_1, elle prend la forme :

$$\frac{\frac{1}{\alpha} + t}{\frac{1}{\alpha} + t_1} = \left(\frac{p}{p_1}\right)^{\frac{a-b}{a}} = \left(\frac{p}{p_1}\right)^{\frac{2}{7}}. \qquad (7 \ ter)$$

C'est la relation qui lie la température à la pression quand la détente se fait suivant la courbe ψ.

Il est clair que les équations (7 *bis*) et (7 *ter*) s'obtiendraient en éliminant soit p, soit v, du système formé de l'association des équations (7) et (1).

II

40. Revenons à l'expression de δQ. Nous allons chercher la somme des valeurs de δQ dans diverses circonstances définies en prenant, pour chacune, l'expression de δQ sous celle des formes (4), (5), (5bis), (5ter), qui sera la mieux appropriée

1° Si la dilatation se fait de telle sorte que

$$p = \text{constante} = P \quad \text{ou} \quad dp = 0,$$

c'est-à-dire (*fig* 11) le long d'une droite AM parallèle à Ox, l'expression (4) donne entre deux points de cette ligne de détente que nous conviendrons d'appeler 0 et 1

$$\int_{0}^{1} \delta Q = \frac{aP}{\alpha c}\, (v_1 - v_0).$$

L'expression (5ter), de son côté, conduit à

$$\int_{0}^{1} \delta Q = a\, (t_1 - t_0), \qquad (8)$$

ce qui s'accorde avec la formule précédente en vertu de l'équation (1).

2° Si la dilatation s'effectue de telle manière que

$$v = \text{constante} = V \quad \text{ou} \quad dv = 0,$$

c'est-à-dire si la ligne de détente est une parallèle BM à l'axe Oy (*fig*. 11), l'expression (4) donne, entre deux points de cette ligne, appelés 0 et 1,

$$\int_{0}^{1} \delta Q = \frac{bV}{\alpha c}\, (p_1 - p_0).$$

De son côté, l'expression (5bis) conduit à

$$\int_{0}^{1} \delta Q = b\, (t_1 - t_0),$$

ce qui s'accorde avec la formule précédente en vertu de l'é-
quation (1).

3° Si la courbe de détente est de l'espèce φ, alors

$$t = \text{constante} \quad \text{et} \quad dt = 0.$$

Entre deux points de cette ligne, désignés par 0 et 1, l'expression (5bis) donne

$$\int_0^1 \delta Q = \left(a - b \right) \left(\frac{1}{\alpha} + t \right) \log . \frac{v_1}{v_0},$$

et, dans le cas où ce sont les pressions aux états extrêmes qui
sont connues, l'expression (5ter) conduit à :

$$\int_0^1 \delta Q = \left(a - b \right) \left(\frac{1}{\alpha} + t \right) \log . \frac{p_0}{p_1}. \tag{9}$$

4° Prenons enfin le cas où la courbe de détente est une ligne
MC quelconque (*fig.* 11). Pour que la dilatation du kilogramme

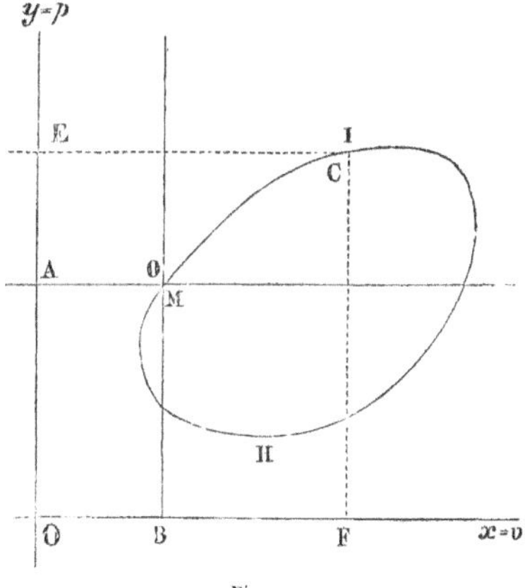

Fig. 11.

de gaz se fasse entre les deux points 0 et 1 de cette courbe, faut, d'après l'équation (4), dépenser une quantité de chaleur égale à :

$$Q = \int_0^1 \delta Q = \frac{1}{\alpha c} \int_0^1 (ap \cdot dv + bv \cdot dp). \qquad (10)$$

Cette quantité peut s'exprimer autrement si l'on remarque que

$$v \, dp = dvp - p \, dv \; ;$$

alors, substituant, il vient :

$$\int_0^1 \delta Q = \frac{1}{\alpha c} \int_0^1 \Big[(a - b) \, p \, dv + b \, dvp \Big],$$

ou enfin :

$$Q = \int_0^1 \delta Q = \frac{1}{ac} \Big[(a - b) \int_0^1 p \, dv + b \, (v_1 p_1 - v_0 p_0) \Big]. \,(11)$$

La figure se prête à l'interprétation géométrique des grandeurs qui entrent dans cette expression. En effet :

$$\int_0^1 p \, dv$$

est l'aire curviligne B01F tandis ; que, dans le dernier terme,

$$v_1 p_1 - v_0 p_0$$

est la différence des rectangles OE1F, OA0B.

On reconnaîtra facilement que la quantité entre parenthèses des équations (10) et (11) revient à

$$(a \times \text{aire B01F}) + (b \times \text{aire A01E}).$$

5° Si la courbe de détente, d'ailleurs quelconque, est fermée telle que MCH (*fig*. 11), c'est-à-dire si, partant d'un état initial spécifié par les coordonnées du point M, on veut dilater le kilogramme de gaz, suivant la loi que représente cette ligne, pour le ramener à son état initial, l'expression (11) donnera la somme algébrique finale, Q, de la quantité de chaleur qu'on devra tantôt fournir, tantôt soustraire au gaz. Cette somme algébrique est d'une forme très-simple et les interprétations géométriques précédentes la fournissent immédiatement; elles montrent, en effet, que, dans le cas particulier qui nous occupe, la différence

$$v_1 p_1 - v_0\, p_0$$

est nulle, et que si l'on désigne par S l'aire circonscrite par la courbe MCH, on a :

$$Q = \frac{1}{\alpha c}\,(a - b)\,S. \tag{12}$$

Il n'y a donc pas égalité entre les quantités de chaleur fournies et enlevées.

41. Le théorème auquel nous venons d'être conduit s'applique à la théorie des machines motrices, telle que nous l'avons exposée dans le chapitre premier. En effet, le diagramme $D - \partial$ n'est autre chose qu'une courbe fermée figurant, dans son évolution complète, la dilatation du kilogramme de gaz ; donc les quantités de chaleur q_1, q_0, dont nous avons vu le jeu indispensable, sont telles qu'on a :

$$q_1 - q_0 = \frac{a - b}{\alpha c}\,(D - \partial),$$

et nous trouvons ainsi, comme conséquence de notre théorie générale, qu'elles ne sont pas égales entre elles.

On tire de l'égalité précédente, pour l'utilisation (3), la valeur

$$U = \frac{c\alpha}{a - b}\left(1 - \frac{q_0}{q_1}\right),$$

expression digne d'attention, sur laquelle nous aurons lieu de revenir dans la suite.

III.

Nous sommmes actuellement en mesure de faire, pour le cas de l'air, diverses applications numériques se rapportant aux problèmes que nous avons résolus d'une façon générale dans les précédents chapitres.

42. Cherchons, en premier lieu, l'aire D du diagramme théorique que nous avons défini dès le début de ces leçons et qui s'est présenté dans plusieurs questions. On trouve aisément en partant de la formule (7) :

$$D = \int_{p_0}^{p_1} v\, dp = \frac{a}{a-b}\, v_1 p_1 \left[1 - \left(\frac{p_0}{p_1} \right)^{\frac{a-b}{a}} \right], \quad (13)$$

ou, sous une forme équivalente :

$$D = \frac{a}{a-b}\, v_0 p_0 \left[\left(\frac{p_1}{p_0} \right)^{\frac{a-b}{a}} - 1 \right].$$

43. La vitesse avec laquelle l'air s'écoule d'un réservoir où la pression est p_1 et le volume du kilogramme v_1, dans un autre où la pression est p_0 et le volume du kilogramme v_0, est donnée par la formule :

$$u^2 = 2g\mathrm{D},$$

dans laquelle il suffit de remplacer D par sa valeur.

Calculons, d'après cela, la vitesse u d'écoulement de l'air dans le vide [1] :

Il nous suffit d'introduire dans la formule (13) l'hypothèse $p_0 = 0$, et il vient :

$$u^2 = 2g\, \frac{a}{a-b}\, v_1 p_1.$$

ou, en supprimant les indices devenus inutiles :

$$u^2 = 2g\, \frac{a}{a-b}\, vp. = 7gvp. \quad (14)$$

Si, pour fixer les idées, on suppose l'air à 0° et sous la pression de $0^m 76$, l'on a :

$$p = 10333^k, \qquad v = 0^{m^3} 77328,$$

---

[1] On sait que la formule de *Poisson*, rappelée au chapitre III, donne pour cette vitesse une valeur infinie.

et l'on trouve :

$$u = 740^{\mathrm{m}}7.$$

44. Nous avons établi [équation (4) du chapitre v], que dans de l'air pris à la pression p et dont le kilogramme occupe une valeur v, le son se propage avec une certaine vitesse u', dont la valeur est :

$$u' = \sqrt{g\,\frac{a}{b}\,vp}.$$

Rapprochant cette expression de la formule (14), on en déduit la relation :

$$\frac{u}{u'} = \sqrt{\frac{2b}{a-b}} = \sqrt{5} = 2{,}236; \qquad (15)$$

c'est le rapport de la vitesse d'écoulement dans le vide à celle de la propagation du son.

45. Comme autre application, proposons-nous de calculer la hauteur de l'atmosphère, dans la supposition où l'on s'est placé au n° 17.

L'expression de cette hauteur serait

$$z_1 - z_0 = \int_{p_0}^{p_1} v\,dp,$$

et d'après l'équation (13)

$$z_1 - z_0 = \frac{a}{a-b}\,v_1 p_1, \qquad (16)$$

relation très-remarquable en ce que, d'après l'équation (14), le second membre est précisément

$$\frac{u^2}{2g},$$

u désignant la vitesse d'écoulement de l'air dans le vide. L'interprétation de la formule (16) est donc que la vitesse d'écoulement de l'air dans le vide aurait pour valeur celle de la vitesse qu'acquiert une molécule pesante tombant de la hauteur de l'atmosphère.

On trouve au moyen de la formule (16), en considérant g comme une constante

$$z_1 - z_0 = 27,970^{\text{m}}.$$

Au point de vue où nous venons de nous placer, la température de l'air, à la limite de l'atmosphère, serait de $-272°,85$, ainsi qu'on va le calculer.

46. Une application curieuse des équations établies dans ce chapitre consiste à raisonner comme si les lois de Mariotte et de Gay-Lussac étaient applicables sans limites de pression ou de température.

De l'équation (1), c'est-à-dire de :

$$\frac{v_2 p_2}{1 + \alpha t_2} = \frac{v_1 p_1}{1 + \alpha t_1},$$

on tire :

$$v_2 p_2 = v_1 p_1 \frac{\dfrac{1}{\alpha} + t_2}{\dfrac{1}{\alpha} + t_1}.$$

d'où l'on voit que si, se donnant v_2, on suppose nulle la pression p_2, il faut qu'on ait :

$$t_2 = -\frac{1}{\alpha} = -272°85,$$

résultat qu'on peut exprimer en disant que le long de l'axe Ox, lieu des points correspondant aux pressions nulles, règne une température constante de $-272°,85$.

De là cette température de $-273°$ dont il a été fait mention au chapitre III et au n° 45, à propos d'un calcul hypothétique de la hauteur de l'atmosphère.

Si l'on fait $t_2 = -\dfrac{1}{\alpha}$ dans l'expression (9), on voit qu'une ligne de détente MB perpendiculaire à $0x$ (*fig.* 11), atteindrait l'axe des x après qu'on aurait consommé, par kilogramme de gaz, une quantité de chaleur égale à :

$$b \left(\frac{1}{\alpha} + t_1 \right).$$

La tension du gaz serait alors réduite à 0.

Enfin, si, dans le cas où l'on suppose que la courbe de détente est de l'espèce φ, on se proposait de calculer la quantité de chaleur à dépenser pour que, partant d'un point donné, la détente s'étendît jusqu'à l'axe des x, on trouverait pour cette quantité une valeur infinie.

Mais il est essentiel de faire remarquer que les lois de Mariotte et de Gay-Lussac, desquelles nous sommes parti, ne peuvent être applicables au delà de certaines limites.

47. Enfin la machine à air s'offre comme une application majeure de la connaissance de la courbe de détente ψ qui est relative à une enveloppe imperméable à la chaleur. En raison de l'importance de ce sujet d'études, nous lui consacrerons un chapitre spécial, après lequel viendra la théorie des vapeurs dont l'application aux machines motrices terminera la première partie de ces leçons.

CHAPITRE VII.

Théorie générale de la machine à air établie sans autre hypothèse que celle de la constance des chaleurs spécifiques. — Théorème relatif à l'utilisation : elle dépend des pressions seulement et non de la température à laquelle l'air est chauffé. — Diagramme maximum et encombrement minimum pour une température de chauffage donnée. — Applications numériques et comparaisons avec la machine à vapeur. — Théorie des machines binaires et multiples. — Remarque relative à la limite supérieure de l'utilisation.

I.

48. Avant d'aborder la théorie de la machine à air, il nous semble utile de grouper ceux des résultats acquis dont nous aurons particulièrement à faire usage dans ce chapitre.

On a vu, au chapitre IV, comment (sans qu'on ait à se préoccuper d'une théorie mécanique de la chaleur) on réussit à soumettre au calcul les propriétés calorifiques et expansives d'un gaz. Parmi les diverses quantités (volume, pression et température) qui sont relatives à l'état de 1 kilogramme de gaz, on choisit deux variables indépendantes; on les rapporte à des axes rectangulaires; puis, par un point quelconque de la figure, on imagine :

1° Une courbe de détente sous température constante, courbe dite de l'espèce φ;

2° Une courbe, dite de l'espèce ψ, représentant la loi de la détente dans une enveloppe imperméable à la chaleur.

Les équations de ces courbes jointes à l'expression de la quantité de chaleur, δQ, nécessaire pour que la détente s'opère en ligne droite entre deux points infiniment voisins de la figure, constituent le système de nos trois équations fondamentales. De leur discussion ressort la mise en évidence de quantités que les physiciens recherchent ou pourraient rechercher telles que les coefficients A et B du numéro 23, telles que les chaleurs spécifiques a sous pression constante, b sous volume constant, telles encore que les chaleurs latentes λ et μ définies aux numéros 24 et 31.

Jusqu'ici, il n'a pas été fait d'expériences directes pour la détermination des courbes de détente dans une enveloppe imperméable à la chaleur, mais le cas d'une courbe de cette espèce correspond toujours à

$$\delta Q = 0 ;$$

et on obtiendra la relation des variables indépendantes qui caractérise une telle courbe, en intégrant l'équation

$$\frac{\delta Q}{T} = 0,$$

T désignant un diviseur susceptible de rendre δQ différentielle exacte. L'analyse enseigne que ce diviseur existe ; elle donne la condition algébrique qu'il doit remplir : la difficulté est de trouver sa valeur explicite.

49. Le chapitre VI a présenté les applications générales de cette théorie au cas de l'air.

Pour l'air, on admet comme loi de la détente sous température constante, la loi de Mariotte qui, combinée avec celle de Gay-Lussac, s'exprime par la relation

$$\frac{vp}{1 + \alpha t} = \text{constante } c.$$

Cette loi acceptée, les expressions générales de δQ se sont spécialisées ; de là les équations (5), (5 *bis*), (5 *ter*) du numéro 36, qui répondent aux cas où les variables indépendantes sont ou v et p, ou v et t, ou enfin p et t.

Mais la détermination des relations qui conviennent à la détente dans une enveloppe imperméable à la chaleur, dépend de la connaissance du diviseur T. Or, c'est en supposant a et b constants, résultats ou hypothèses généralement admis (38), qu'on réussit à déterminer T qui ne dépend plus alors que d'une seule variable, la température. On obtient ainsi les relations (7), (7 *bis*), (7 *ter*) du numéro 39, que nous transcrirons ici, sous une forme appropriée aux calculs numériques qui vont suivre. Ce sont, en désignant les températures par θ :

$$\frac{v}{v_0} = \left(\frac{p_0}{p} \right)^{\frac{5}{7}}, \tag{1}$$

$$\frac{v}{v_0} = \left(\frac{\frac{1}{\alpha} + \theta_0}{\frac{1}{\alpha} + \theta} \right)^{\frac{3}{2}} ; \tag{2} \qquad \text{et} \qquad \frac{\frac{1}{\alpha} + \theta}{\frac{1}{\alpha} + \theta_0} = \left(\frac{p}{p_0} \right)^{\frac{2}{7}}. \tag{3}$$

D'ailleurs on a, conformément à la loi de Mariotte,

$$\frac{1 + \alpha 0_0}{v_0 p_0} = c, \tag{4}$$

par conséquent

$$\frac{vp}{v_0 p_0} = \frac{\dfrac{1}{\alpha} + 0}{\dfrac{1}{\alpha} + 0_0}, \tag{5}$$

ensemble d'équations qui ne comprend visiblement que trois relations distinctes entre les variables v, p, t, et les constantes v_0, p_0, 0_0, c.

Nous adopterons, avec M. Regnault, la valeur

$$\alpha = 0{,}003665 \qquad \text{d'où} \qquad \frac{1}{\alpha} = 272^\circ{,}85.$$

Des déterminations expérimentales connues donnent : $c = 7990{,}3$.

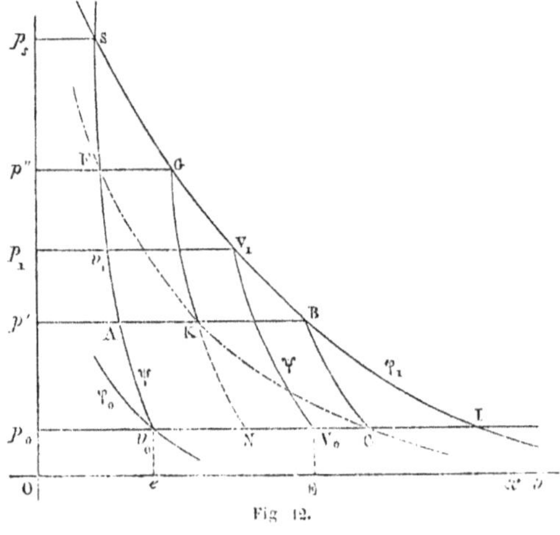

Fig. 12.

50. Ayant tracé deux droites rectangulaires (*fig.* 12) prises, l'une pour axe des volumes, l'autre pour axe des pressions, l'équation (1) permet de mener une courbe v_0S, de l'espèce ψ, par un point quelconque v_0, p_0, de la figure.

A tout point de la courbe v_0S, se rapportent les trois quantités simultanées, volume, pression, température, qui sont relatives à l'état correspondant du kilogramme de gaz. On les détermine à l'aide des équations (1) à (5), en ayant soin de choisir parmi ces dernières celles qui se prêtent au calcul le plus simple.

51. L'équation (1) montre que les courbes de l'espèce ψ ont leurs abscisses proportionnelles; par suite, l'une d'elles, v_0S (*fig.* 12) étant tracée, toute autre V_0V_1, pourra être construite en faisant varier les abcisses de la première dans un rapport constant

$$h = \frac{V_0}{v_0} = \frac{V_1}{v_1} = \text{etc.} \quad . \tag{6}$$

Une proportionnalité semblable existe pour les courbes φ.

Entre les mêmes pressions p_0, p_1, les aires ∂ et D des diverses courbes ψ, telles que v_0v_1, V_0V_1, sont entre elles dans le rapport constant de leurs abscisses, et l'on a :

$$\frac{D}{\partial} = \frac{V_0}{v_0} = \frac{V_1}{v_1} = h, \tag{7}$$

conformément à l'équation (6).

II.

52. Étudier une machine à air, c'est calculer et discuter tous les éléments de son diagramme.

Reportons-nous au premier chapitre.

Le diagramme théorique $dc\text{CD}$ (*fig.* 1) est une figure quadrilatérale rapportée à deux axes, l'un des volumes, l'autre des pressions; deux côtés sont des droites parallèles à l'axe des volumes, les deux autres sont des courbes de l'espèce ψ.

Soit $v_0v_1V_1V_0$ (*fig.* 12) un diagramme de cette nature. On se rappelle le fonctionnement qu'il représente. Un kilogramme d'air sous la pression p_0 et à la température θ_0 occupe initialement un volume v_0 dans le *cylindre alimentaire*; comprimé dans ce cylindre jusqu'à la pression p_1 de la chaudière, sa température devient θ_1 et son volume v_1; une dépense de chaleur q_1, faite par la chaudière, l'échauffe et le dilate; V_1 est alors son volume, t_1 sa température, sous la pression p_1; enfin, après sa détente dans le *cylindre travailleur*, son volume et sa température sont V_0 et t_0 à l'instant où sa pression redevient p_0.

On doit donc, à chacun des sommets

$$v_0, \qquad v_1, \qquad V_1, \qquad V_0$$

considérer respectivement les groupes de quantités

$$v_0, p_0, 0_0 \qquad v_1, p_1, 0_1 \qquad V_1, p_1, t_1 \qquad V_0, p_0, t_0.$$

Ayant choisi quatre de ces quantités qui soient réellement indépendantes entre elles, on déterminera les autres à l'aide des équations (1) à (6) du paragraphe précédent.

Les calculs relatifs à l'utilisation seront alors faciles puisqu'on en aura tous les éléments. — Il en sera de même de ceux qui se rapportent à l'encombrement. On a déjà vu (chapitre 1er) comment l'encombrement d'une machine peut s'estimer d'après la somme des volumes de ses cylindres. Le nombre

$$E = \frac{v_0 + V_0}{D - 0}. \tag{8}$$

est, à ce titre, l'encombrement par unité de travail utile, abstraction faite des frottements ; c'est donc un coefficient à calculer pour toute machine donnée.

53. Pour présenter un premier exemple de ces sortes de recherches, adoptons pour données :

$$0_0 = 0 \qquad p_0 = 10333^k \qquad \frac{p_1}{p_0} = 2 \qquad \frac{V_0}{v_0} = h = 2.$$

Nous en déduirons les valeurs ci-après :

$$\text{Courbe } v_0 v_1 \begin{cases} 1^o \text{ Au moyen de l'équation (4)} \dots \dots \dots \dots & v_0 = 0^{m3},7733 \\ 2^o \text{ D'après} \qquad\qquad (1) \dots \dots \dots \dots & v_1 = 0^{m},4714 \\ 3^o \text{ D'après} \qquad\qquad (3) \dots \dots \dots \dots & 0_1 = 58^o,76 \end{cases}$$

$$\text{Courbe } V_0 V_1 \begin{cases} 4^o \text{ D'après (5), en partant de } 0_1 \dots \dots \dots & t_1 = 392^o,37 \\ 5^o \text{ D'après (6), en partant de } v_1 \dots \dots \dots & V_1 = 0^{m3},9428 \\ 6^o \text{ D'après (3), en partant de } 0_0 \dots \dots \dots & t_1 = 272^o,085 \end{cases}$$

Le calcul du diagramme (42) conduit aux résultats suivants :

$$d = \frac{7}{2} v_0 p_0 \left[\left(\frac{p_1}{p_0}\right)^{\frac{2}{7}} - 1 \right] = 6125^{kgm},8.$$

Suivant l'égalité (7), $\qquad\qquad\qquad\qquad D = 2d;$

d'où l'aire du diagramme utile : $\qquad D - \mathfrak{d} = 6125^{\text{kgm}},8.$

Pour faire passer le kilogramme d'air, de θ_1 à t_1, on doit dépenser une quantité de chaleur q_1 donnée (40) par la formule

$$q_1 = a\,(t_1 - \theta_1) = 0{,}2375\,(t_1 - \theta_1) = 78^{\text{calories}},995.$$

Il en résulte pour la valeur de l'utilisation

$$U = \frac{D - \mathfrak{d}}{q_1} = \frac{6125^{\text{kgm}},8}{78,995} = 77^{\text{kgm}},546.$$

Si l'on était curieux de calculer la quantité de chaleur q_0 que le kilogramme de gaz doit perdre pour passer de t_0 à $\theta_0 = 0$, on aurait,

$$q_0 = at_0 = 0{,}2375 \times 272{,}85 = 64^{\text{cal}},802.$$

Une vérification intéressante s'offre ici. La différence $q_1 - q_0$, exprimant la quantité de chaleur disparue, doit être telle que, d'après un théorème démontré (41), on ait :

$$U = \frac{c\alpha}{a - b}\left(\frac{q_1 - q_0}{q_1}\right) = 431{,}56\left(1 - \frac{q_0}{q_1}\right).$$

C'est effectivement ce qu'on trouve en faisant le calcul.

54. L'exemple que nous venons de traiter se rapproche assez du cas offert par la machine d'Ericson, abstraction faite de l'emploi des toiles métalliques dont il sera question plus loin (65). Pourtant, on remarquera que l'air étant puisé dans l'atmosphère, à une température θ_0, généralement supérieure à 0, il s'ensuivrait, toutes choses égales d'ailleurs, que t_1 dépasserait très-notablement $400°$, température fort élevée à laquelle la cohésion des matières serait profondément atteinte, sans compter que le graissage des pistons deviendrait impossible.

Pour nous rapprocher davantage des limites où se tenait Ericson, prenons pour données :

$$\theta_0 = 0, \qquad p_0 = 10333^{\text{k}}, \qquad \frac{p_1}{p_0} = 2, \qquad t_1 = 272°,85,$$

ensemble de conditions qui obligerait d'échauffer à plus de $300°$ de l'air pris à la température ordinaire. Nous obtiendrons immédiatement les résultats essentiels qu'elles entraînent en recourant aux équations (4) et (6); on en tire, pour le problème actuel :

$$\frac{V_1}{v_1} = 1,6406 = \frac{V_0}{v_0} = \frac{D}{\delta} = h \qquad \text{et} \qquad t_0 = 174^\circ,81;$$

ainsi, tandis que δ demeure égal à $6125^{\text{kgm}},8$, le diagramme utile devient

$$D - \delta = \delta\left(\frac{D}{\delta} - 1\right) = \delta \times 0,6406.$$

La nouvelle valeur de q_1, facile à calculer, donne pour l'utilisation :

$$U = 77^{\text{kgm}}, 546,$$

nombre absolument égal à celui du premier cas traité. Cette coïncidence n'est pas fortuite; nous démontrerons tout à l'heure que, p_0 et p_1 restant les mêmes, l'utilisation U est indépendante de t_1.

55. Une question majeure se présente. Qu'est l'utilisation d'une machine à air par rapport à celle d'une machine à vapeur?

Fig. 13.

Nous rechercherons une comparaison rapide. Pour éviter des circonstances défavorables à la machine à air, nous prendrons la machine à vapeur dans les conditions suivantes, que retrace le diagramme de la figure 13; nous supposerons qu'elle fonctionne sans détente, avec de la vapeur à 100°, à la pression de 1 atmosphère, le vide au condenseur étant de $1/10$, soit $7^{\text{cm}},6$ de mercure; la différence de pression étant donc égale à $10333^k \times 0,9$ valeur de FB sur la figure.

Le volume de 1^k de vapeur à 100° sous la pression de 10333^k est de

$1^{m3},7 = FD$; d'où l'aire du diagramme FDCB relatif au *cylindre travailleur* :

$$D = \overline{FB} \times \overline{FD} = (10333 \times 0,9) \times 1,7 - 15809^{kgm}5.$$

Le volume de vapeur en question est fourni par un volume d'eau 1700 fois plus petit. Soit Fd égal à la 1700ᵉ partie de FD; l'eau étant incompressible, le diagramme $\partial = FdcB$ sera un rectangle et on aura, en nombre rond, pour le diagramme utile

$$D - \partial = 15800^{kgm}.$$

D'un autre côté, comme on alimente avec de l'eau provenant du condenseur, la quantité de chaleur à fournir par kilogramme de vapeur est d'environ 600^{cal}; d'où l'utilisation

$$U = \frac{15800^{kgm}}{600} = 26^{kgm},333.$$

Ce nombre montre que dans la machine à air considérée, l'utilisation théorique, $77^{kgm},546$, abstraction faite des frottements, serait triple de celle de la machine à vapeur prise ici pour terme de comparaison.

La machine à vapeur se relèvera bien vite de cette infériorité, si l'on prend en considération l'encombrement et les frottements.

Soit E le coefficient d'encombrement de la machine à vapeur, E′ celui d'une machine à air, on trouvera :

$$E' = 3,5E \qquad \text{dans le cas du n° 53,}$$

$$E' = 4,8E \qquad \text{dans celui du n° 54.}$$

Si l'on veut enfin tenir compte des frottements, on retranchera une certaine fraction de la puissance brute. Les utilisations par rapport aux puissances effectives, savoir :

$$U = (1 - m)\frac{D - \partial}{q} \qquad \text{pour la machine à vapeur,}$$

$$U' = (1 - m')\frac{D' - \partial'}{q'} \qquad \text{pour la machine à air}$$

conduisent au rapport

$$\frac{U'}{U} = \frac{\dfrac{D' - \partial'}{q'}}{\dfrac{D - \partial}{q}} \frac{1 - m'}{1 - m};$$

dans le premier facteur du second membre, on reconnaît le rapport des utilisations précédemment calculées, abstraction faite des frottements ; en le prenant égal à 3 comme l'ont donné les comparaisons précédentes, il vient :

$$\frac{U'}{U} = 3\,\frac{1 - m'}{1 - m}.$$

Maintenant, on remarquera, comme on l'a fait au chapitre premier, que les fractions m, m' sont proportionnelles aux encombrements E, E'. Si, pour fixer les idées, on fait $m' = 3m$, ce qui est peu ; et $m = \frac{1}{5}$, ce qui n'a rien d'exagéré, on trouve :

$$\frac{U'}{U} = 3 \times 0,5 = 1,5.$$

Un type de machine à vapeur plus parfait que celui qui vient de nous servir d'exemple donnerait assurément à ce rapport une valeur bien plus voisine de l'unité.

Avec $m' = 5m$, ce qui est sensiblement le cas du n° 54, il faudrait que m se réduisît à $\frac{1}{7}$ (moins de 15 p. %) pour que le rapport en question ne devînt pas plus petit que 1.

56. Quoi qu'il en soit, la machine à air aura toujours contre elle les difficultés d'exécution et l'encombrement. L'application de la théorie précédente lui assignerait-elle, dans un cas donné, quelque avantage comme utilisation, il est indubitable qu'on peut résolument l'exclure des cas où, comme à bord des navires, l'économie d'encombrement est à rechercher impérieusement.

III.

57. Il nous sera facile maintenant de développer et de discuter, sous une forme générale, les calculs auxquels donne lieu une machine à air. Reportons-nous au n° 52, qui en prépare les éléments.

Nous supposerons toujours connues la pression p_0 et la température θ_0 de l'air froid ; d'où le sommet v_0 du diagramme $v_0 r_1 V_1 V_0$ (*fig.* 12) et la courbe $v_0 S$ d'espèce φ menée par ce sommet. Pour le surplus, il va nous être commode de mettre en évidence le rapport des volumes v_0 et V_0, et le rapport de dilatation du volume de 1 kilogramme d'air passant, sous une même pression, de θ_0 à la température de chauffage t_1 ; posons

$$\frac{V_0}{v_0} = h = \frac{1 + \alpha\, t_0}{1 + \alpha\, \theta_0}; \qquad\qquad \frac{V_i}{v_0} = H = \frac{1 + \alpha\, t_1}{1 + \alpha\, \theta_0}.$$

Soit tracée la courbe IS de détente sous température constante t_1, courbe d'espèce φ connue (49) ; elle dessine avec la parallèle à l'axe des volumes menée par v_0, et la courbe v_0S, une aire triangulaire v_0IS. La valeur de H détermine cette figure ; celle de h fixe la position du sommet V_1 sur IS : le diagramme est donc défini par H et h.

Exprimées en fonction de h et H, les diverses quantités qui nous intéressent vont se prêter à une discussion facile, quelles que soient d'ailleurs les données effectivement choisies.

1° Au sommet V_0 : on a, d'après la définition de h

$$(1 + \alpha t_0) = h\,(1 + \alpha\theta_0). \tag{10}$$

2° Au sommet V_1 : les définitions de h et H, combinées avec l'équation (3) donnent

$$(1 + \alpha t_1) = H\,(1 + \alpha\theta_0) ; \tag{11}$$

$$\frac{H}{h} = \frac{1 + \alpha t_1}{1 + \alpha t_0} = \left(\frac{p_1}{p_0}\right)^{\frac{2}{7}}, \qquad \text{d'où} \qquad \frac{p_1}{p_0} = \left(\frac{H}{h}\right)^{\frac{7}{2}}. \tag{12}$$

D'un autre côté, l'équation (1), d'après (12), conduit à

$$\frac{V_1}{mv_0} = \left(\frac{p_0}{p^1}\right)^{\frac{5}{7}}, \qquad \text{d'où} \qquad \frac{V_1}{v_0} = h\left(\frac{h}{H}\right)^{\frac{5}{2}}. \tag{13}$$

3° Au sommet v_1 : les équations (1) et (3) donnent, à cause de (12),

$$\frac{v_1}{v_0} = \left(\frac{h}{H}\right)^{\frac{5}{2}} \qquad \text{et} \qquad \frac{1 + \alpha\theta_1}{1 + \alpha\theta_0} = \frac{H}{h}. \tag{14}$$

4° La définition de H donne, pour l'abscisse du sommet I,

$$V_i = Hv_0.$$

5° Au sommet S : les équations (12) et (13), si l'on y fait $h = 1$, conduisent à

$$p_s = p_0 H^{\frac{7}{2}} \qquad\qquad v_s = v_0 H^{-\frac{5}{2}}.$$

Il va sans dire que les diverses expressions ainsi trouvées satisfont aux équations (5) et (6).

58. Les quantités de chaleur q_1, q_0 nécessaires pour échauffer le kilogramme d'air de 0_1 à t_1, ou le refroidir de t_0 à 0_0, sont :

$$q_1 = a\,(t_1 - 0_1) = \frac{a}{\alpha}\,(1 + \alpha 0_0)\,\frac{\mathrm{H}\,(h - 1)}{h},$$

$$q_0 = a\,(t_0 - 0_0) = \frac{a}{\alpha}\,(1 + \alpha 0_0)\,(h - 1).$$

Passons au calcul des diagrammes. En vertu des équations (5) et (12) :

$$\mathfrak{d} = \frac{a}{a - b}\,v_0 p_0\left[\left(\frac{p_1}{p_0}\right)^{\frac{2}{7}} - 1\right] = \frac{ac}{a - b}\,(1 + \alpha 0_0)\,\frac{\mathrm{H} - h}{h};$$

et comme $\mathrm{D} = h\mathfrak{d}$, il vient :

$$\mathrm{D} - \mathfrak{d} = \mathfrak{d}\,(h - 1) = \frac{ac}{a - b}\,(1 + \alpha 0_0)\,\frac{(\mathrm{H} - h)\,(h - 1)}{h}. \qquad (15)$$

La valeur de l'utilisation est par suite

$$\mathrm{U} = \frac{\mathrm{D} - \mathfrak{d}}{q_1} = \frac{c\alpha}{a - b}\left(1 - \frac{h}{\mathrm{H}}\right). \qquad (16)$$

Pour l'encombrement on trouve :

$$\mathrm{E} = \frac{v_0 + \mathrm{V}_0}{\mathrm{D} - \mathfrak{d}} = \frac{a - b}{ap_0}\,\frac{h\,(h + 1)}{(\mathrm{H} - h)\,(h - 1)}. \qquad (17)$$

59. L'équation (16), d'après (12), revient à

$$\mathrm{U} = \frac{c\alpha}{a - b}\left[1 - \left(\frac{p_0}{p_1}\right)^{\frac{2}{7}}\right].$$

d'où ce théorème : *Dans une machine à air, l'utilisation dépend des pressions seulement et non de la température à laquelle l'air est échauffé* [1]. C'est ce qu'on aurait pu prévoir en remarquant que

---

[1] On verra plus loin que la théorie mécanique de la chaleur, envisagée dans sa portée pratique, n'infirme nullement le théorème dont il s'agit.

p_0, p_1, $\mathfrak{z}$, demeurant constants, si V_1 varie, les quantités de chaleur dépensées, q_1, doivent être proportionnelles aux accroissements de volume $V_1 - v_1$ et par suite aux différences $D - \mathfrak{z}$. — On remarquera que ce qui, dans ces conditions, augmente avec t_1, c'est le rapport de D à $\mathfrak{z}$.

60. Les résultats généraux qui précèdent conduisent à diverses conséquences dont quelques-unes sont plus faciles à reconnaître sur la figure (*fig.* 12) qu'à dégager des expressions algébriques.

Deux choses préoccupent toujours les inventeurs, la pression et la température qui doivent être atteintes; dans les machines à vapeur, de fortes pressions n'entraînent pas de températures gênantes, et c'est uniquement la grandeur des pressions qui peut offrir quelque embarras au constructeur; dans les machines à air, au contraire, les difficultés d'exécution viennent bien plutôt de l'élévation des températures.

Supposons fixée la température t_1, à laquelle l'air doit être chauffé; alors H est donné, et h est la variable indépendante.

Si $\qquad h \qquad$ diminue de H à 1:

la pression supérieure	p_1	croît	de p_0 à p_s ;
le diagramme	$D-d$	varie	de 0 à 0;
l'utilisation	U	croît	de 0 à $\dfrac{c}{a-b}\left(1-\dfrac{1}{H}\right)$;
l'encombrement	E	varie	de ∞ à ∞.

On reconnaît que le diagramme $D - \mathfrak{z}$ est susceptible d'un maximum, le coefficient E d'un minimum, et que l'utilisation a pour limite supérieure le nombre digne d'attention

$$\frac{c\alpha}{a-b}\left(1-\frac{1}{H}\right) = \frac{c\alpha}{a-b}\frac{t_1 - 0_0}{\dfrac{1}{\alpha}+t_1}.$$

Nous allons analyser ces résultats essentiels de la discussion.

61. Pour une valeur donnée de H, l'équation (15), traitée par les méthodes ordinaires, apprend que le diagramme est maximum lorsqu'on satisfait à la condition algébrique

$$h = \sqrt{H}. \qquad (18)$$

Elle s'interprète très-simplement. Au point de vue géométrique, elle montre que l'abscisse du sommet V_0 est une moyenne proportionnelle entre celles des points v_0 et I. Au point de vue physique, la condition

(18), introduite dans les équations (10) et (14), donne la suite d'égalités

$$(1 + \alpha t_0) = (1 + \alpha\theta_0) \sqrt{\Pi} = 1 + \alpha\theta_1 ;$$

donc $\theta_1 = t_0$, d'où ce théorème :

Dans le cas du diagramme maximum, les températures de l'air, à sa sortie du cylindre travailleur et à son entrée dans la chaudière, sont égales entre elles. Sur la figure, cela signifie que les sommets v_1 et V_0 sont alors sur une même courbe de l'espèce φ.

Les résultats spéciaux au diagramme maximum s'obtiendront en introduisant la condition (18) dans les équations des n°s 57 et 58. On trouvera, pour ce cas particulier :

$$p_1 = p_0 \, \Pi^{\frac{7}{4}} ;$$

$$\mathrm{D} - \lambda = \frac{ac}{a - b} (1 + \alpha\theta_0) \left(\sqrt{\Pi} - 1 \right)^2 ;$$

$$\mathrm{U} = \frac{c\alpha}{a - b} \left(1 - \frac{1}{\sqrt{\Pi}} \right) ; \qquad \mathrm{E} = \frac{a - b}{ap_0} \frac{\sqrt{\Pi} + 1}{\left(\sqrt{\Pi} - 1 \right)^2} .$$

Le diagramme utile et l'utilisation augmentent avec Π ; l'encombrement diminue.

A l'égard d'un diagramme maximum, on peut encore remarquer, d'après la valeur de Π tirée de l'équation (11), que l'aire $\mathrm{D} - \lambda$, l'utilisation U, le rapport des pressions p_0, p_1, ne dépendent que des températures extrêmes θ_0 et t_1 ; il en est de même des valeurs égales de t_0 et de θ_1. D'après cela, soient tracées (*fig.* 12) les deux courbes φ_1, φ_0 de détente sous les températures constantes t_1 et θ_0 ; on voit que, si v_0 se déplace sur φ_0, tous les diagrammes maximum inscrits entre ces deux courbes seront égaux ; et que les deux autres sommets de ces diagrammes se trouveront tous sur une même courbe de l'espèce φ.

62. Pour une valeur donnée de Π, l'encombrement E devient minimum lorsque h rend minimum le second membre de l'équation (17) ou la quantité

$$\frac{1 + \dfrac{1}{h}}{\left(\dfrac{\Pi}{h} - 1 \right) \left(1 - \dfrac{1}{h} \right)}.$$

En égalant à zéro la dérivée de cette expression, prise par rapport à $\frac{1}{h}$, on reconnaît que la solution est donnée par la racine positive de l'équation

$$\frac{1}{h^2} + \frac{2}{h} - 1 - \frac{2}{H} = 0. \tag{19}$$

Il est aisé de s'assurer que la valeur cherchée de h est comprise entre 1 et $\sqrt{H}$, et qu'ainsi la pression de l'air chaud pour laquelle l'encombrement devient minimum est plus élevée que celle qui correspond au diagramme maximum.

D'après (19) : $\qquad \frac{1}{h} = -1 + \sqrt{2}\,\sqrt{1 + \frac{1}{H}}.$

Cette valeur particulière de h reste finie et comprise entre 1 et $1 + \sqrt{2}$, lorsque H varie de 1 à ∞. Introduite dans les équations des n⁰ˢ 57 et 58, elle conduit aux résultats qui sont spéciaux au cas de l'encombrement minimum. — On trouvera en particulier,

$$E = \frac{a - b}{a p_0}\, \frac{1}{\left(\sqrt{2H} - \sqrt{H+1}\right)^2},$$

expression qui diminue de ∞ à 0 lorsque H croît de 1 à ∞.

63. Le tableau suivant présente quelques applications numériques. On y suppose l'air froid pris sous la pression $p_0 = 10333^k$ de l'atmosphère et à $\theta_0 = 0$, et on attribue diverses valeurs à la variable auxiliaire H qui, d'après sa définition, est liée à la température t_1 par l'équation (11).

64. En résumé, le théorème du n° 59 enseigne, qu'une fois fixée la température de chauffage t_1, il y a intérêt, au point de vue de l'utilisation, à prendre p_1 aussi grand que possible. Mais, une pression p_1 trop élevée est défavorable à la valeur effective du diagramme ; elle offre des difficultés d'exécution ; sans compter que la pratique ne saurait s'accorder d'un écart trop considérable entre les pressions p_0, p_1 qui doivent se succéder dans un même cylindre : les garnitures de piston, réglées sur la plus grande, occasionneraient des frottements tout à fait disproportionnés relativement à l'autre.

Or, sur la courbe IS, le sommet V_1 opposé à v_0, peut occuper, entre autres, deux positions saillantes répondant, l'une au diagramme maximum, l'autre à l'encombrement minimum ; c'est assurément vers ces

DÉSIGNATION des QUANTITÉS.	VALEURS DE H (dilatation de l'air sous pression constante de 0 à t_1).					
	1,5	**2**	**2,5**	**3**	**3,5**	**4**
Température de chauffage t_1.....	136°	273°	409°	546°	682°	819°
Cas du diagramme maximum (nº 61).						
Températures $\theta_1 = t_0$.............	61°	131	159	200	238	273
Pression p_1, en atmosphères......	2.03	3.36	4.97	6.84	8.96	11.31
Diagramme en kilogrammètres pour 1 kilogramme d'air, $D - d$.....	1413	5025	9446	14990	21210	27970
Rapport $\dfrac{D - d}{d}$.............	0.225	0.414	0.581	0.732	0.870	1.000
Utilisation U en kilogrammètres..	79.2	126.4	158.6	182.4	200.9	215.8
Encombrement [1].............	12.18	3.89	2.11	1.41	1.04	0.83
Cas de l'encombrement minimum (nº 62).						
Pression p_1 en atmosphères......	2.11	3.80	6.19	9.64	13.67	19.15
Diagramme $D - d$ en kilogrammètres	1408	4751	9557	15524	30438	26703
Utilisation U............ id.......	83.6	135.8	175.2	205.7	227.3	245.9
Encombrement [1].............	12.14	3.85	2.02	1.37	1.01	0.79
Cas limite ($D - d = 0$, $E = \infty$) (nº 60).						
Pression en atmosphères........	4.13	11.31	24.76	46.77	80.21	128
Volume de l'air comprimé.......	0.362	0.176	0.101	0.064	0.043	0.031
Utilisation en kilogrammètres.....	143.9	215.8	259.4	287.7	308.3	324.7

[1] Les nombres inscrits sont les coefficients E (équ. 17) multipliés par 10000.

deux positions, tout considéré, que doivent tendre les bonnes solutions pratiques.

D'un autre côté, le diagramme maximum et son utilisation augmentent avec t_1: en même temps, la valeur du minimum d'encombrement diminue. Nous avons déjà signalé les difficultés d'exécution que présente l'emploi de températures élevées; c'est à l'aide de divers artifices que les inventeurs cherchent à les tourner. Si ingénieux que soient ces artifices, ils ne peuvent manquer de porter préjudice à l'utilisation telle qu'elle ressort de nos calculs.

65. Dans la machine d'Éricson (54), le rapport des pressions p_1, p_0 se trouvait inférieur à celui qui donne le diagramme maximum; on avait donc $t_0 > \theta_1$.

Ericson faisait passer sur une même série de toiles métalliques, l'air évacué à t_0, et l'air destiné à l'alimentation de la chaudière. Ces toiles métalliques peuvent être considérées comme un récipient de chaleur susceptible d'enlever à l'air sortant une somme de chaleur

$$a\,(t_0 - \theta_1)\,;$$

or, cette même quantité de chaleur supposée transmise à de l'air entrant à θ_1, est précisément celle qui peut l'échauffer à t_0. En admettant donc qu'un tel récipient fonctionne avec une entière perfection, il nous est permis de supposer que l'air comprimé arrivera à la chaudière à la température t_0 ; la chaudière n'aura plus à fournir que la chaleur nécessaire pour porter chaque kilogramme d'air de t_0 à t_1, savoir :

$$a\,(t_1 - t_0).$$

En partant des équations (10), (11) et (15), on trouve pour l'utilisation :

$$U = \frac{D - \jmath}{a\,(t_1 - t_0)} = \frac{c\alpha}{a - b}\left(1 - \frac{1}{h}\right).$$

Si $h = \sqrt{H}$, cette valeur est celle du diagramme maximum ; mais en ce cas les toiles métalliques deviennent inutiles ; pour $h < H$, elles seraient nuisibles — Si h croît de $\sqrt{H}$ à H, l'utilisation augmente et tend vers une limite qui est précisément celle trouvée au n° 60 pour l'autre hypothèse extrême de $h = 1$; en même temps, comme on l'a vu au n° 60, le diagramme devient nul et l'encombrement infini.

66. Dans tous les cas, la théorie développée ici permettra d'étudier les conditions de régime d'une machine à air et de les discuter sûrement.

Dans cette théorie, on admet, avec M. Regnault, que a est une constante. On suppose aussi b constant. Les calculs seraient à refaire le jour où les physiciens concluraient de leurs expériences que cette hypothèse est fautive.

Dans ce dernier cas, il pourrait arriver que l'analyse refusât la possibilité de trouver le diviseur d'intégrabilité T, et qu'on fût dans la nécessité de recourir à des méthodes d'intégration par approximation. Toutefois il est permis de croire que, pour une valeur modérée du rapport de p_1 à p_0, les courbes v_0v_1, V_1V_0 de l'espèce ψ tracées (*fig. 12*) dans la supposition de b constant, ne s'écarteraient pas beaucoup des véritables, et que les enseignements de nos diagrammes figuratifs garderaient leur portée générale.

IV.

67. L'encombrement, à part le cas spécial des machines marines, ne présente en général qu'un intérêt secondaire. Il n'en est pas de même de l'utilisation. Chercher à lui donner la plus grande valeur compatible avec toutes les exigences de la pratique, tel est le dernier point de la discussion générale qu'il nous reste à analyser.

Or, une machine n'atteint une utilisation élevée qu'à la condition d'adopter, pour la pression supérieure, une valeur p'' (*fig.* 12) suffisamment grande, ce qui, d'un autre côté, offre l'inconvénient de réduire le diagramme et d'exagérer l'écart des pressions extrêmes.

Ce qu'on ne peut faire avec une machine, il est possible de l'obtenir, théoriquement du moins, de deux ou plusieurs machines combinées, ainsi que nous allons le faire comprendre.

Soit p' une pression intermédiaire entre les pressions p_0 et p''. Représentons-nous deux machines fonctionnant, l'une entre les pressions p_0 et p', l'autre entre les pressions p' et p'', une même température t_1 régnant dans leurs chaudières : soient v_0CBA, AKGF leurs diagrammes. Ces deux machines sont associées de la manière que voici :—Une première pompe de compression refoule le kilogramme d'air de v_0 en A ; une deuxième pompe le comprime de A en F, le refoule dans la chaudière sous la pression p'', d'où il est repris sous le volume G et dilaté jusqu'en K ; il est alors évacué dans l'autre chaudière, de là repris sous le volume B, dilaté jusqu'en C, et finalement évacué au dehors.

Le diagramme obtenu est la somme Δ des diagrammes partiels. La chaudière où règne la pression p'' dépense la quantité de chaleur q' nécessaire pour échauffer à t_1, le kilogramme d'air qu'elle reçoit à l'état indiqué par le point F ; celle où règne la pression p' ne doit fournir que le supplément de chaleur q' voulu pour porter à t_1 chaque kilogramme d'air qui lui arrive à l'état du point K. L'utilisation réalisée est, par suite,

$$ \mathrm{U} = \frac{\Delta}{q'' + q'}. $$

Tel est l'appareil auquel nous donnerons le nom de machine binaire.

Pour apprécier l'avantage que peut offrir cette association des deux machines, prolongeons la courbe GK jusqu'au point N, dont l'ordonnée est p_0.

On remarquera sur la figure que

$$ \Delta = v_0\mathrm{NGF} + \mathrm{NCBK}, $$

d'où il résulte qu'au point de vue de l'utilisation, la machine binaire se range entre deux appareils distincts qui fonctionneraient l'un entre p_0 et p', l'autre entre p_0 et p'' ; elle est donc supérieure au premier, sans présenter les inconvénients qui feraient rejeter le second.

Le diagramme de la machine binaire est défini, d'une manière commode, par les rapports des abscisses des sommets I, C, N, à celle de v_0. En désignant les abscisses par les lettres des points correspondants, on posera

$$H = \frac{I}{v_0} \qquad h' = \frac{C}{v_0} = \frac{B}{A} \qquad h'' = \frac{N}{v_0} = \frac{K}{A}.$$

En adaptant à ces données les équations des n°s 57 et 58, on saura calculer tout ce qui se rapporte aux diagrammes partiels, les quantités q'' et q', le diagramme total Δ, et finalement l'utilisation.

68. Nous examinerons particulièrement le cas de Δ maximum, H étant donné. Si l'on considère h' comme constant, la figure v_0CBA est déterminée ; en ce cas Δ devient maximum avec la valeur de h'' qui rend maximum l'aire AKGF dans le triangle ABS ; et on sait qu'alors les points K et F sont sur une même courbe de l'espèce φ. Si l'on considère h'' comme constant, la figure v_0NGF est déterminée, et Δ devient maximum avec la valeur de h' qui rend maximum l'aire NCBK dans le triangle NIG, et on sait qu'alors les points C et K sont sur une même courbe de l'espèce φ. Donc, les variables h' et h'' étant indépendantes, le maximum absolu de Δ correspond au cas où les trois points C, K, F sont sur une même courbe d'espèce φ. — Physiquement, cela signifie que $q'' = q'$. — Géométriquement, cela veut dire que l'abscisse de K est moyenne proportionnelle entre celles des sommets A et B, en même temps que l'abscisse de C est moyenne proportionnelle entre celles de N et I ; par suite, les abscisses des points v_0, N, C, I croissent comme les termes d'une progression géométrique dont la raison est $H^{\frac{1}{3}}$, et l'on a entre H, h', h'' les relations

$$h' = H^{\frac{2}{3}}, \qquad\qquad h'' = H^{\frac{1}{3}}.$$

Pour le résultat des calculs, peu importe que le diagramme total soit considéré comme la somme de diagrammes effectifs v_0CBA, AKGF, ou comme la somme équivalente des aires v_0NGF, NCBK ; on saura toujours déterminer les éléments des diagrammes, en introduisant dans les équations générales les valeurs des variables auxiliaires qui leur sont spéciales.

L'expression générale du maximum de Δ se tirera de suite de l'équation (15). Celle de l'utilisation correspondante s'obtiendra immédiatement au moyen de l'équation (16) en remarquant que, q'' étant égal à q', elle est la moyenne arithmétique des utilisations de deux machines distinctes qui auraient v_0NGF, NCBK pour diagrammes respectifs. On trouve ainsi :

$$\Delta = \frac{ac.}{a-b}\,(1+\alpha\theta_0)\left(\Pi^{\frac{1}{3}} - 1\right)\left(2\Pi^{\frac{2}{3}} - \Pi^{\frac{1}{3}} - 1\right),$$

$$\iota = \frac{c\alpha}{a-b}\left(1 - \frac{1+\Pi^{\frac{1}{3}}}{2\Pi^{\frac{2}{3}}}\right).$$

69. Le principe de la machine binaire peut être généralisé. Si p' et p_1 sont deux pressions intermédiaires entre p_0 et p'', on se représentera une *machine ternaire* réalisant la somme des diagrammes (*fig.* 12) de trois machines distinctes qui fonctionneraient respectivement entre les pressions $(p_0,\ p')$, $(p',\ p_1)$, $(p_1,\ p'')$; on concevra de même une *machine quaternaire* et plus généralement une *machine multiple* composée de plusieurs machines combinées entre les pressions extrêmes données.

Il est certain qu'en pratique le nombre des appareils associés de la sorte devra demeurer limité. Comme recherche spéculative, rien n'empêche de supposer que ce nombre croisse indéfiniment A mesure que la pression supérieure se rapproche de sa limite p_s, l'encombrement tend vers l'infini, mais l'utilisation garde une valeur finie.

Dans l'hypothèse où nous venons de nous placer, le diagramme total n'est autre que le triangle curviligne v_0IS (*fig.* 12); la quantité de chaleur Q finalement dépensée est évidemment la chaleur latente (40) relative à la détente du gaz de l'état S à l'état I le long de la courbe SI; d'où l'utilisation

$$\iota = \frac{\text{aire } v_0\text{IS}}{Q}.$$

Au point de vue théorique, le principe de la multiplication des machines combinées est susceptible d'une généralisation plus grande encore.

Traçons (*fig.* 14) une figure quadrilatérale limitée par les lignes IS et v_0M, courbes de détente sous les températures constantes t_1 et θ_0, v_0S et IM, courbes de détente dans une enveloppe imperméable à la chaleur; les sommets v_0 et I ayant la même ordonnée : soit Π le rapport de leurs abcisses, ce qui revient à écrire

$$(1+\alpha t_1) = \Pi\,(1+\alpha\theta_0).$$

On vient de voir au moyen de quelle disposition fictive on pourrait réaliser le diagramme triangulaire v_0IS. Or, il est également possible de concevoir qu'on puisse réaliser le triangle v_0IM, et par conséquent obtenir comme diagramme l'aire quadrilatérale totale v_0SIM [1]. Il suffit

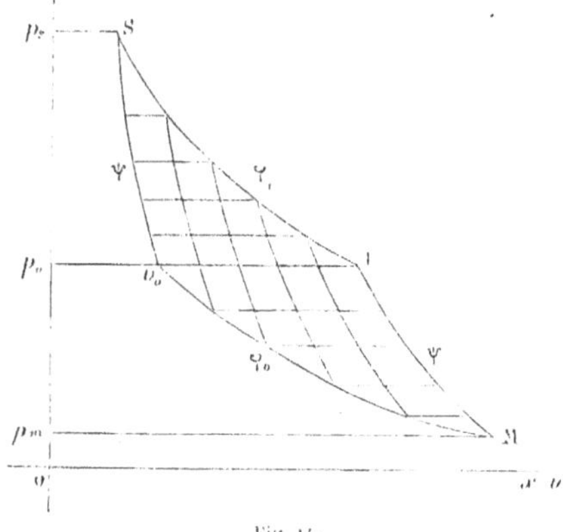

Fig. 14.

pour cela d'imaginer qu'on procède au-dessous de la pression p_0, de p_m à p_0, à l'aide d'un nombre infini de machines et d'un nombre infini de réfrigérants qui, intermédiaires entre deux des machines associées, auraient pour objet de ramener toujours à 0_0 l'air passant de l'une à l'autre.

Le diagramme v_0SIM se déduit des aires comprises entre ses côtés et l'axe des pressions ; on trouve :

$$\text{Aire } v_0\text{SIM} = \frac{ac}{a - b}\,(1 + \alpha 0_0)\,(H - 1)\,\log H.$$

La quantité de chaleur Q, finalement dépensée, est encore la chaleur latente relative à la détente du gaz, entre les états des points S et I, le long de la courbe SI, c'est-à-dire [n° 40, éq. 9] :

$$Q = \frac{a - b}{\alpha}\,(1 + \alpha t_1)\,\log \frac{p_s}{p_0} = \frac{a}{\alpha}\,(1 + \alpha 0_0)\,H \log H.$$

Quant à la somme de chaleur reçue par les réfrigérants, elle est

---

[1] Cette figure quadrilatérale est du type que nous ferons connaître plus loin sous le nom de *diagramme d'une machine théoriquement parfaite.*

égale pareillement à la chaleur latente relative à la détente du gaz, entre les états v_0 et M, le long de la courbe v_0M.

L'utilisation est enfin

$$U = \frac{\text{aire } v_0 \text{SIM}}{Q} = \frac{c\alpha}{a-b}\left(1 - \frac{1}{\Pi}\right) = \frac{c\alpha}{a-b} \frac{t_1 - \theta_0}{\frac{1}{\alpha} + t_1};$$

Ce dernier résultat n'est autre que la limite supérieure déjà assignée à l'utilisation d'une machine à air (60 et 65), réserve faite des possibilités de réalisation pratique.

L'importance théorique de cette remarque ressortira plus loin [2].

La pratique pourra également tirer parti de ces considérations finales. Après avoir étudié la machine à air en vue d'obtenir le meilleur ensemble de résultats (64), nous nous sommes proposé de rechercher la plus grande utilisation réalisable. Celle-ci a une limite. L'atteindre, on l'a vu, c'est fictif ; mais on a compris en même temps à quelles conditions il devient possible de s'en rapprocher. Sans doute, la théorie des machines binaires et multiples trace aux constructeurs une voie de recherches.

---

[1] On verra, qu'au point de vue de la théorie mécanique de la chaleur, l'utilisation d'une machine fonctionnant entre les températures θ_0 et t_1 a pour limite

$$K \frac{t_1 - \theta_0}{\frac{1}{\alpha} + t_1},$$

la constante K étant *l'équivalent mécanique de la chaleur*.

CHAPITRE VIII.

Théorie des vapeurs. — Équation de la courbe de détente d'un mélange de liquide et de vapeur dans une enveloppe imperméable à la chaleur. — Applications : Vitesse d'écoulement et vitesse du son. — Machines à vapeur : Diagramme, utilisation, encombrement. — Machines à vapeur multiples.

I.

70. Le phénomène physique de la formation des vapeurs offre, à l'égard de la température, une dépendance dont l'expression a dû être demandée à l'expérience. Si on conçoit qu'un liquide volatil soit introduit dans une capacité où règne le vide, la tension de la vapeur qu'il émet augmente ou diminue d'une manière continue, selon que la température s'élève ou s'abaisse. Tant que la vapeur produite se trouve en contact avec un excès de liquide, il existe, entre la pression p de cette vapeur et la température régnante t, une relation définie

$$p = f(t), \tag{1}$$

spéciale à chaque liquide. Nous conviendrons d'appeler θ_0 la valeur particulière de t pour laquelle le liquide, dans la capacité dont il s'agit, éprouverait un commencement de congélation ; l'expérience apprend qu'il existe encore de la vapeur à cette température. Soit $\pi_0 = f(\theta_0)$ la valeur correspondante de la pression [1].

Plusieurs faits se rattachent à la relation précédente. Si p et t sont des valeurs liées par l'équation (1), p exprime la *force élastique maximum* que la vapeur soit susceptible d'atteindre à la température t ; et t désigne la température à partir de laquelle le liquide, soumis à la pression p, peut entrer en ébullition. On sait d'autre part que la température demeure constante et égale à t pendant toute la durée de l'ébullition d'un liquide sous la pression p d'un milieu ambiant.

Dans les conditions définies par des valeurs de p et t qui satisfont à l'équation (1), la vapeur est dite à l'état de saturation, ou, par abréviation, *vapeur saturée*. Au contact d'un excès de liquide, une vapeur

---

[1] Pour la vapeur d'eau, π_0 est d'environ 60 kilogrammes par mètre carré.

est toujours saturée. — En dehors des conditions de saturation, la
tension d'une vapeur se trouve dépendre, non-seulement de la température, mais encore du volume occupé. Une *vapeur non saturée*, si on
la compare à une vapeur saturée de même tension, offre une température plus haute et est dite *vapeur surchauffée*. À cet état la vapeur
est un gaz. C'est le cas d'une vapeur qu'on chauffe après qu'elle a
cessé d'être en contact avec le liquide générateur.

L'équation (1) est donc, pour la vapeur, la loi de sa saturation ou
de sa tension maximum; c'est en même temps la loi des pressions
qu'il conviendrait d'exercer sur le liquide pour qu'il ne se formât pas
de vapeur.

Tels sont les faits généraux que nous devons prendre et que nous
prendrons pour points de départ.

71. Dans des conditions de pression et de température définies par
l'équation (1), et au-dessus de la pression π_0, il y a lieu de considérer
pour la même substance l'état liquide, l'état de vapeur saturée et l'état
intermédiaire d'un mélange de liquide et de vapeur.

Désignons par w le volume du kilogramme de liquide, par W celui
du kilogramme de vapeur saturée; rapportons à deux axes rectangulaires (*fig.* 15) les pressions p et les valeurs correspondantes de w et
W. Nous obtiendrons deux courbes $w_0 w_1$, $W_0 W_1$.

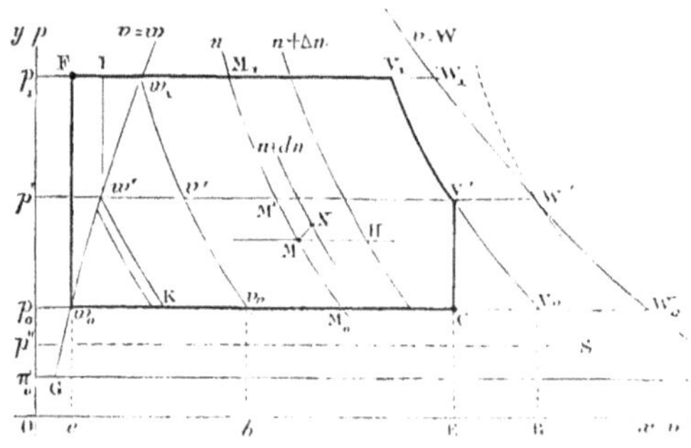

Fig. 15.

La première peut être considérée comme la courbe de détente de
1 kilogramme de liquide chauffé dans de telles conditions qu'il sup-
porte constamment la pression $p = f(t)$ lorsque sa température est
égale à t. La quantité de chaleur à lui fournir pour qu'il s'échauffe
ainsi de dt dépend de la température qu'on lui suppose; je l'appelle
$r dt$, r désignant une certaine fonction de t.

La seconde courbe peut être considérée comme se rapportant à la détente de 1 kilogramme de vapeur assujettie à demeurer saturée. Ce résultat ne serait atteint qu'à la condition de faire intervenir la quantité de chaleur, positive ou négative, nécessaire pour que, la pression p de la vapeur devenant $p + dp$, il n'y ait ni précipitation ni surchauffe ; j'appelle Rdt cette quantité de chaleur, R étant une certaine fonction de t.

Soit enfin L la chaleur latente nécessaire pour faire passer, sous pression constante, 1^k de liquide à l'état de vapeur saturée.

Les quantités w,W,r,R,L, sont nécessairement déterminées pour des valeurs simultanées de p et t. Ce sont, par conséquent, autant de fonctions définies de la température t.

Tout point M compris entre les deux courbes w et W se rapporte à un mélange de liquide et de vapeur du poids de 1 kilogramme, dont le volume est v, la température t et la pression $p = f(t)$. Si l'on appelle ξ le poids de vapeur qu'il renferme, $1 - \xi$ sera le poids de l'eau ; et il est visible qu'on aura, entre v et ξ, la relation

$$v = \xi W + (1 - \xi)\, w = w + \xi\, (W - w). \qquad (2)$$

72. Conformément à notre méthode générale, nous avons à concevoir, par tout point tel que M et pour le mélange supposé uniforme : 1° une courbe de détente sous température constante, courbe d'espèce φ ; $p = f(t)$ est son équation : c'est la parallèle MH à l'axe des volumes ; 2° une courbe de détente MM$_0$ dans une enveloppe imperméable à la chaleur, courbe dite d'espèce ψ ; 3° l'expression de la quantité de chaleur ∂Q nécessaire pour que la détente s'opère en ligne droite du point M à un point N infiniment voisin.

L'équation des courbes ψ et l'expression de ∂Q forment la seconde et la troisième de nos équations fondamentales. Nous nous proposons de les trouver.

Dans la théorie des vapeurs, p et t, liés par l'équation (1), ne peuvent être pris à la fois comme variables indépendantes. Notre choix portera sur v et t ; mais préférablement, tout d'abord, sur ξ et t. Posons donc

$$\partial Q = L d\xi + C dt. \qquad (3)$$

Dans cette expression, en faisant l'hypothèse de t constant, on reconnaît que L est la chaleur latente, déjà définie, nécessaire pour que 1 kilogramme de liquide, sous une température constante t, soit porté de w à W. Quant à C, c'est la quantité de chaleur nécessaire pour élever la température de 1, lorsque ξ demeure constant. On a donc, d'après la définition des quantités R et r :

$$C = \xi R + (1 - \xi)\, r = r + (R - r)\, \xi ;$$

par suite, l'expression (3) devient :

$$\delta Q = L d\xi + \left[r + (R - r)\,\xi \right] dt. \qquad (3\ bis)$$

La condition des courbes ψ est $\delta Q = 0$. Si T désigne un diviseur capable de rendre différentielle exacte le second membre de la dernière égalité, on aura l'équation d'une courbe ψ en intégrant

$$\frac{L}{T} d\xi + \frac{r + (R - r)\,\xi}{T} dt = 0. \qquad (4)$$

T est assujetti à la condition :

$$\frac{d}{dt}\left(\frac{L}{T}\right) - \frac{d}{d\xi}\left(\frac{r + (R - r)\xi}{T}\right);$$

mais on sait qu'il suffit de prendre pour T une solution quelconque de cette dernière équation pour obtenir, sauf des variantes de forme, l'intégrale générale demandée. Or, il arrive que l'obligation précédente est remplie en considérant T comme fonction de t seulement, à la condition nécessaire et suffisante de satisfaire à la relation

$$\frac{d}{dt}\left(\frac{L}{T}\right) = \frac{R - r}{T}. \qquad (5)$$

On peut, de cette égalité, tirer T en fonction de R et r [1], et par conséquent intégrer (4). Mais il nous sera plus commode, pour la suite des calculs, de laisser la fonction T en évidence dans les équations, bien qu'elle soit inconnue. Résolue par rapport à R, l'égalité précédente donne

$$R = r + T \frac{d}{dt}\left(\frac{L}{T}\right). \qquad (6)$$

L'équation (4), si l'on y substitue le second membre de (5), devient

$$d\left[\frac{L}{T}\,\xi\right] + \frac{r}{T} dt = 0, \qquad (4\ bis)$$

expression qui s'intègre et conduit à l'équation

$$\frac{L}{T}\,\xi + \int \frac{r}{T} dt = \text{constante } n. \qquad (7)$$

---

[1] L'équation (5) revient à :

$$L = T e^{\int \frac{R - r}{L} dt}.$$

Cela posé, convenons d'écrire

$$L = \lambda\,(W - w), \tag{8}$$

λ désignant la chaleur latente pour une augmentation de volume égale à 1. En éliminant ξ à l'aide de la relation (2), L à l'aide de (8), l'équation (7) devient :

$$n = \frac{\lambda}{T}\left(v - w\right) + \int \frac{r}{T}\,dt. \tag{9}$$

Telle est l'équation générale, en v et t, des courbes de détente d'un mélange de vapeur et de liquide dans une enveloppe imperméable à la chaleur.

Cela posé, l'expression générale

$$\delta Q = T\,dn,$$

démontrée au chapitre IV, permet d'écrire immédiatement, d'après (9) :

$$\delta Q = T d\left[\frac{\lambda\,(v - w)}{T}\right] + r\,dt. \tag{10}$$

Le problème que nous nous étions posé est donc résolu par les équations (9) et (10), dans lesquelles T est une fonction inconnue de la température liée à R, r et L par la condition (6).

Il s'agit maintenant de discuter ces résultats.

73. À l'égard de δQ, on peut vérifier que pour $v = w$, l'expression (10) se réduit à $r\,dt$; pour $v = W$, en vertu des équations (8) et (5), elle revient à $R\,dt$; dans la supposition de t constant, elle donne précisément L pour la somme des valeurs de δQ le long d'une parallèle à l'axe des v, entre les courbes w et W. L'équation (10) satisfait donc à toutes les conditions de la question.

Si l'on développe son second membre, elle se présente sous la forme

$$\delta Q = \lambda\,dv + b\,dt. \tag{10 bis}$$

Le coefficient de dt, c'est-à-dire

$$b = r + \left(v - w\right) T \frac{d}{dt}\left(\frac{\lambda}{T}\right) - \lambda \frac{dw}{dt},$$

exprime la quantité de chaleur nécessaire pour augmenter de 1 la température du mélange de liquide et de vapeur, lorsque $dv = 0$. C'est donc la *chaleur spécifique* de ce mélange sous volume constant.

Pour les cas limités où $v = w$ et $v = W$, le coefficient b prend les valeurs spéciales

$$b_0 = r - \lambda \frac{dw}{dt},$$

$$b_1 = r + (W - w) T \frac{d}{dt}\left(\frac{\lambda}{T}\right) - \lambda \frac{dw}{dt}. \qquad (11)$$

Cette dernière peut se mettre sous une forme beaucoup plus simple. En effet, l'équation (8) permet d'écrire

$$\frac{\lambda}{T}(W - w) = \frac{L}{T},$$

d'où, en prenant les dérivées par rapport à t,

$$\frac{\lambda}{T}\left(\frac{dW}{dt} - \frac{dw}{dt}\right) + (W - w)\frac{d}{dt}\left(\frac{\lambda}{T}\right) = \frac{d}{dt}\left(\frac{L}{T}\right):$$

dégageant de là le second terme pour le substituer dans b_1, et recourant à l'équation (6), on reconnaît que

$$b_1 = R - \lambda \frac{dW}{dt}:$$

les expressions de b_0, b_1 offrent ainsi une parfaite symétrie.

Il est bon de remarquer que ces valeurs limites de b n'ont de sens qu'autant que dt est négatif; hormis la circonstance exceptionnelle où, dans une région de la courbe des w, les abscisses diminueraient lorsque t augmente, comme, dans le cas de l'eau, de 0 à 4°.

74. Discutons maintenant l'équation des courbes ψ.

En désignant par $\Lambda(t)$ l'intégrale qui figure au second membre de (9), nous pourrons la prendre sous la forme

$$n = \frac{\lambda}{T}(v - w) + \Lambda(t), \qquad (9\ bis)$$

ou, sous la forme équivalente,

$$v = w + \frac{T}{\lambda}[n - \Lambda(t)]. \qquad (9\ ter)$$

Considérons deux courbes d'espèce ψ quelconques, n et $n + \Delta n$ (*fig.* 15). Pour une même ordonnée, leurs abscisses v et $v + \Delta v$ sont telles que, d'après l'équation (9 *bis*), on a

$$\frac{\lambda}{T}\Delta v = \Delta n = \text{constante}; \qquad (12)$$

d où l'on voit que les différences $\Delta v =$ MH varient proportionnellement au rapport $\dfrac{\text{T}}{\lambda}$.

Une courbe $M_0 M_1$ de l'espèce ψ étant tracée, il sera donc facile d'en déduire graphiquement celle qui passe par un point donné quelconque H, si l'on connaît, pour les diverses ordonnées $p = f(t)$, la valeur du rapport en question.

La relation précédente conduit encore à remarquer que, t variant, la valeur de T demeure proportionnelle à la quantité de chaleur $\lambda \Delta v$ qui produit l'augmentation de volume figurée par la différence des abscisses de deux courbes ψ.

L'équation d'une courbe ψ menée par un point donné (V_1, p_1) se déduit de l'équation générale (9 *ter*), en remarquant qu'on doit avoir, pour ce point particulier,

$$V_1 = w_1 + \frac{T_1}{\lambda_1}\,[\,n_1 - \text{A}\,(t_1)\,],$$

et, pour tout autre point (V, p) de la même courbe,

$$V = w + \frac{T}{\lambda}\,[\,n_1 - \text{A}\,(t)\,],$$

donc enfin, éliminant n_1 :

$$V = w + \frac{T}{\lambda}\left[(V_1 - w_1)\frac{\lambda_1}{T_1} + \int_t^{t_1} \frac{r}{T}\,dt\right]. \qquad (13)$$

75. Au point de vue purement algébrique, rien ne restreint la valeur que peut recevoir n dans l'équation (9 *ter*), mais les courbes fournies par cette équation n'ont plus de signification physique lorsqu'elles descendent au-dessous de la droite $p = \pi_0$, ou lorsqu'elles cessent d'être comprises entre les courbes w et W [1].

L'abscisse v d'une courbe ψ, dans sa partie utile, est comprise entre celle des courbes w et W qui ont la même ordonnée. Si dans l'équation générale (9 *bis* ou 9 *ter*) on fait successivement $v = w$ et $v = $ W,

---

[1] Les courbes w et W, d'après l'idée que les phénomènes usuels nous donnent de leur nature, se rapprochent à mesure que t et $p = f(t)$ augmentent. Elles paraissent devoir se rencontrer. Dans les circonstances que spécifierait leur point d'intersection, 1 kilogramme de liquide, et 1 kilogramme de vapeur saturée, auraient le même volume. Ce qui se présenterait au delà, on ne saurait le comprendre. C'est peut-être dans le voisinage de ces circonstances que se produirait la *dissociation* des éléments du liquide,— phénomène énoncé par M. Henri Sainte-Claire Deville, — ce qui présenterait la décomposition chimique comme succédant à la formation des vapeurs saturées lorsque la température est devenue suffisamment grande.

on en conclut que, pour des valeurs simultanées p' et t' données, n doit demeurer entre les deux limites

$$\Lambda(t') \qquad \text{et} \qquad \frac{L'}{T'} + \Lambda(t'). \qquad (14)$$

Ces limites mises pour n, dans l'équation (9 *ter*), donnent :

1° L'équation d'une courbe φ issue d'un point donné (w', p') de w :

$$v = w + \frac{T}{\lambda} \int_{t}^{t'} \frac{r}{T}\, dt ; \qquad (15)$$

2° L'équation d'une courbe de même espèce tracée par un point donné (W', p') de la courbe W :

$$v = w + \frac{T}{\lambda} \left[\frac{L'}{T'} + \int_{t}^{t'} \frac{r}{T}\, dt \right]. \qquad (16)$$

En général cette dernière ligne coupera la courbe W. Sa partie utile se présentera soit dans l'angle $p'W'W_0$, comme l'indique la figure, soit dans l'angle $p'W'W_1$. Dans le premier cas, la détente de la vapeur saturée, dans une enveloppe imperméable à la chaleur, entraîne une condensation partielle, tandis que par la compression cette vapeur devient surchauffée : ces faits correspondent à une valeur négative de R. Dans le second cas, les phénomènes sont intervertis : la vapeur, initialement saturée, se condense par la compression et se surchauffe en augmentant de volume, ce qui exige pour R une valeur positive.

A cet égard toutes les vapeurs ne se comportent pas de la même manière. Des expériences directes ont montré, par exemple, que la vapeur d'eau est dans le premier cas [1] et la vapeur d'éther dans le second [2].

Quelle que soit la circonstance, détente ou compression, qui amène la précipitation d'une certaine quantité de vapeur, on obtiendra son poids $(1 - \xi)$ en partant de l'équation (2). Au moyen de l'équation (16) et recourant à (8), on trouve en effet :

$$\xi = \frac{v - w}{W - w} = \frac{T}{L} \left[\frac{L'}{T'} + \int_{t}^{t'} \frac{r}{T}\, dt \right].$$

Cette valeur ne sera acceptable qu'autant qu'on trouvera $\xi \leqq 1$.

---

[1] Hirn : *Bulletin* (n° 133) *de la Société industrielle de Mulhouse*, p. 137.
[2] *Cosmos* du 10 avril 1863, t. XXII, p. 427.

76. Connaissant l'équation des courbes ψ, passons à la détermination des aires qu'elles limitent avec telles ou telles lignes données.

Calculons d'abord l'aire $w_1 V_1 V_0 v_0$ comprise entre deux courbes $w_1 v_0$, $V_1 V_0$, d'espèce ψ menées par les points donnés w_1, V_1. Si, pour une même ordonnée, Δv désigne la différence des abscisses de ces courbes, on a, en appelant S l'aire cherchée :

$$S = \int_{p_0}^{p_1} \Delta v \, dp = \int_{t_0} \Delta v \frac{dp}{dt} \, dt ;$$

mais, d'après (12),

$$\frac{\lambda}{T} \Delta v = \frac{\lambda_1}{T_1} (V_1 - w_1) ;$$

donc

$$S = \frac{\lambda_1 (V_1 - w_1)}{T_1} \int_{t_0}^{t_1} \frac{T}{\lambda} \frac{dp}{dt} \, dt. \qquad (17)$$

Cherchons, en second lieu, l'aire triangulaire $w_0 \, w_1 \, v_0$ comprise entre la courbe w et une courbe d'espèce ψ menée par le point w_1. La différence des abscisses de ces deux lignes, pour une même ordonnée, est, d'après l'équation (15) :

$$v - w = \frac{T}{\lambda} \int_{t}^{t_1} \frac{r}{T} \, dt ;$$

en appelant σ l'aire dont il s'agit, on a :

$$\sigma = \int_{p_0}^{p_1} (v - w) \, dp = \int_{t_0}^{t_1} \frac{T}{\lambda} \frac{dp}{dt} \, dt \int_{t}^{t_1} \frac{r}{T} \, dt. \qquad (18)$$

On peut obtenir ce résultat par une marche différente. Calculons l'aire $d\sigma$ comprise entre les deux courbes ψ menées l'une par le point (w', p'), l'autre par un point infiniment voisin, et limitées d'une part à la ligne w, d'autre part à la droite $p = p_0$. Entre ces deux courbes ψ, la différence des abscisses est, d'après (12),

$$dv = \frac{T}{\lambda} \, dn ;$$

on connaît la valeur de n relative à la courbe ψ qui passe par le point (w', p') : c'est la plus petite des limites (14) : d'où

$$dn = \frac{r'}{T'} dt' :$$

par conséquent

$$d\sigma = \int_{p_0}^{p'} dv\, dp = \frac{r'}{T'} dt' \int_{t_0}^{t'} \frac{T}{\lambda} \frac{dp}{dt}\, dt. \tag{19}$$

En intégrant par rapport à t', entre les limites t_0 et t_1, on obtient l'aire σ sous une forme différente de la première, mais dont on pourra vérifier l'équivalence.

D'un autre côté, au moyen de l'expression supposée connue de w en fonction de t, on peut calculer l'aire comprise entre l'axe des y et la ligne w. Par suite, en conservant les notations précédentes, on aura :

$$\text{aire } w_0 w_1 V_1 V_0 = \sigma + S,$$

$$\text{aire } p_0 p_1 V_1 V_0 = \int_{t_0}^{t_1} w \frac{dp}{dt}\, dt + \sigma + S, \tag{20}$$

$$\text{aire } w_0 F V_1 V_0 = \int_{t_1}^{t_1} (w - w_0) \frac{dp}{dt}\, dt + \sigma + S. \tag{21}$$

II.

Comme applications de la théorie précédente, nous nous proposerons de rechercher, pour les vapeurs, l'expression de la vitesse d'écoulement et celle de la vitesse du son.

77. La vitesse d'écoulement d'un mélange d'eau et de vapeur s'obtiendra en appliquant l'équation générale

$$n^2 = 2gD$$

trouvée au chapitre II. Appelons p_1, p_0, les pressions entre lesquelles s'établit l'écoulement. On sait que D est l'aire du diagramme compris entre l'axe Oy, les droites $p = p_1$, $p = p_0$, et une courbe de l'espèce ψ.

S'il s'agit d'un mélange d'eau et de vapeur pris à l'état (V_1, p_1), V_1 étant plus grand que w_1, le diagramme D est l'aire donnée par la relation (20).

Examinons le cas d'une masse d'eau chaude prise à l'état du point I, dont l'abscisse est moindre que w_1. On doit théoriquement tracer par le point I la ligne Iw' des volumes de 1 kilogramme de liquide soumis à des pressions variables dans une enveloppe imperméable à la chaleur. Il y a deux cas à distinguer, selon que cette ligne rencontre la courbe w au-dessous ou au-dessus de la droite $p = p_0$. Dans ce dernier cas, l'eau chaude se vaporise partiellement en s'écoulant ; si $w'K$ est la courbe d'espèce ψ menée par le point w', le diagramme D est alors l'aire

$$p_1 Iw'Kp_0 = p_1 Iw'p' + p'w'Kp_0.$$

Si l'on admet que par la compression, l'eau n'éprouve ni changement de volume, ni échauffement appréciable [1], on peut, pour la ligne Iw', prendre une droite parallèle à l'axe des pressions ; alors le premier terme de la dernière égalité représente un rectangle, et D se déduit d'aires partielles qu'on sait déterminer (76).

L'autre cas est celui qui a été résolu n° 8. On a trouvé :

$$u = 2g\mathrm{D} = 2g\mathrm{H}.$$

78. On a vu, au chapitre V, une expression générale de la vitesse du son qui, dans le cas d'un fluide élastique, devient (34) :

$$u = \sqrt{- gv^2 \frac{dp}{dv}},$$

le rapport $\dfrac{dp}{dv}$ devant être pris le long d'une courbe de l'espèce ψ.

Or, si l'on se rapporte à l'expression (10 *bis*) de δQ, on doit avoir dans le cas d'une courbe ψ, pour un mélange de liquide et de vapeur,

$$\lambda dv + b dt = 0 ;$$

tirant de là dv, il vient

$$u = \sqrt{gv^2 \frac{\lambda}{b} \frac{dp}{dt}}.$$

Dans le cas particulier de la vapeur saturée,

$$v = \mathrm{W}, \qquad b = b_1 ;$$

l'expression de b_1 a été calculée (73). Si l'on veut se contenter d'une valeur approchée, on négligera w devant W. Pour la vapeur d'eau à

---

[1] M. Regnault a constaté que l'eau comprimée de 1 à 10 atmosphères ne s'échauffe pas de 1/50° de degré. (*Mémoires de l'Académie des sciences*, t. **XXI**, p. 464.)

100°, W $= 1700w$; la simplification est donc bien permise, d'autant mieux que W n'est certainement pas connu à $\dfrac{1}{1700}$ près. La valeur de b_1, donnée par l'équation (11), se réduit alors à

$$b_1 = r + WT \frac{d}{dt}\left(\frac{\lambda}{T}\right) = r + \lambda W \frac{d}{dt}\left[\log \frac{\lambda}{T}\right];$$

en remplaçant, au dernier membre, λW par L, on trouve enfin :

$$u_1 = \sqrt{\dfrac{gW\dfrac{dp}{dt}}{\dfrac{r}{L} + \dfrac{d}{dt}\left[\log \dfrac{\lambda}{T}\right]}}$$

pour expression de la vitesse du son dans de la vapeur saturée.

III.

79. Appliquons enfin la théorie des vapeurs à l'étude des machines motrices.

Traduire le mode de fonctionnement d'une machine à vapeur par un diagramme, calculer les éléments de celui-ci, telle est la question.

Appelons p_1, p_0, les pressions dans la chaudière et dans le condenseur.

Supposons d'abord que la détente soit complète dans le cylindre travailleur entre les pressions p_1, p_0. Dans ce cas, le diagramme D est l'aire $p_0 p_1 V_1 V_0$ (*fig.* 15), comprise entre les droites $p = p_0$, $p = p_1$, et une courbe $V_1 V_0$ d'espèce φ. Le diagramme δ de la pompe alimentaire n'est autre que le rectangle $p_0 p_1 F w_0$. — Les faits représentés par ces figures sont effectivement les suivants : 1 kilogramme de vapeur, ou plus généralement 1^k d'un mélange d'eau et de vapeur, passe de la chaudière dans le cylindre sous le volume V_1, se détend de V_1 en V_0, puis est évacué dans le condenseur; de là, complétement liquéfié, il est repris par la pompe alimentaire à l'état (w_0, p_0, t_0) et refoulé dans la chaudière; il y arrive sous le volume w_0, marqué par le point F et à la température t_0.

Le diagramme utile est donc, en conservant les notations du n° 76 :

$$D - \delta = \text{aire } w_0 F V_1 V_0 = \text{aire } w_0 F w_1 + \sigma + S.$$

La chaudière doit dépenser une somme de chaleur q_1 qui comprend : 1° la quantité de chaleur nécessaire pour échauffer, de t_0 à t_1, l'eau refoulée par la pompe à air, c'est-à-dire pour dilater son volume de

F en w_1 sous la pression p_1 ; cette quantité sera calculable quand on connaîtra la chaleur spécifique de l'eau, a, pour une température t et sous une pression constante p ; 2° la chaleur latente nécessaire pour transformer cette eau arrivée à l'état (w_1, t_1) en un mélange d'eau et de vapeur sous le volume V_1. On a donc

$$q_1 = \int_{t_0}^{t_1} a_1 dt + \lambda_1 (V_1 - w_1).$$

L'utilisation est par suite :

$$U = \frac{D - \jmath}{q_1} ;$$

sa valeur, d'après celles de $D - \jmath$, q_1 et S, se trouve comprise entre

$$\frac{\text{aire } w_0 F w_1 + \sigma}{\int_{t_0}^{t_1} a_1 dt} \quad \text{et} \quad \frac{S}{\jmath_1 (V_1 - w_1)} = \frac{1}{T_1} \int_{t_0}^{t_1} \frac{T}{\lambda} \frac{dp}{dt} dt, \qquad (22)$$

deux limites qui séparent les rôles de la chaleur sensible et de la chaleur latente. Elles sont remarquables en ce qu'elles sont indépendantes de la différence $V_1 - w_1$; mais il est évident que l'utilisation approchera d'autant plus de la seconde que cette dernière différence sera grande. Pour discuter la valeur de l'utilisation, il faudrait connaître T et a.

L'encombrement E est donné par l'expression

$$E = \frac{w_0 + V_0}{D - \jmath} ,$$

dans laquelle, d'après l'équation (13),

$$V_0 = w_0 + \frac{T_0}{\jmath_0} \left[(V_1 - w_1) \frac{\lambda_1}{T_1} + \int_{t_0}^{t_1} \frac{T}{r} dt \right].$$

80. En pratique, la détente dans le cylindre travailleur demeure limitée. Elle doit l'être par la raison que la puissance effective sur le piston moteur ne peut descendre au-dessous de la valeur qui peut vaincre les frottements ; elle l'est surtout par la nécessité de ne pas donner au cylindre une longueur excessive. La forme des courbes ψ est telle, en effet, que ces courbes s'éloignent rapidement de l'axe Oy, ainsi qu'on le verra ultérieurement (la figure 15 est nécessairement fautive).

Soit p' la pression dans le cylindre au moment où cesse la détente. A partir du point correspondant V', la courbe de détente est remplacée par la droite $V'C$ parallèle à l'axe Oy. Le diagramme D est l'aire $p_0p_1V_1V'C$. Sur la figure on lit :

$$D = \text{aire } p'p_1V_1V' + (p' - p_0) V' ;$$

le premier terme équivaut à la somme des quantités

$$\int_{t'}^{t_1} wdp \qquad \sigma' = \text{aire } w'w_1v' \qquad S' = v'w_1V_1V' ;$$

dans le second terme on a, d'après (13),

$$V' = w' + \frac{T'}{\lambda'} \left[(V_1 - w_1) \frac{\lambda_1}{T_1} + \int_{t'}^{t_1} \frac{r}{T} \, dt \right].$$

Le diagramme d'alimentation est, comme dans le premier cas,

$$\delta = \text{aire } p_0p_1Fw_0 = (p_1 - p_0) w_0.$$

Les déterminations précédentes conduisent à

$$D - \delta = \int_{t'}^{t_1} w \frac{dp}{dt} dt + (\sigma' + S') + (p' - p_0) V' - (p_1 - p_0) w_0.$$

Nous remarquerons au sujet de cette dernière expression qu'un abaissement de pression au condenseur, au-dessous d'une certaine valeur, n'offre plus le même intérêt du moment que la détente est incomplète. Si de p_0 cette pression tombe à p'', on ne gagne en effet qu'un rectangle dont la base est w_0C au lieu de bénéficier de l'aire très-allongée qui s'étendrait jusqu'à la courbe V_1S.

La dépense de chaleur est encore celle qui a été calculée au n° 79, savoir :

$$q_1 = \int_{t_0}^{t_1} a_1 dt + \lambda_1 (V_1 - w_1).$$

L'utilisation et l'encombrement sont par suite :

$$U = \frac{D - \delta}{q_1} , \qquad E = \frac{V' + w_0}{D - \delta}.$$

81. La pression p_0 au condenseur ne peut en aucun cas descendre au-dessous de $\pi_0 = f(\theta_0)$.

Ainsi l'eau se refuse à l'emploi d'une température basse inférieure à la limite θ_0. Quant à la température supérieure t_1, elle est limitée, en

7

pratique, par la tension très-rapidement croissante qu'acquièrt la vapeur.

Une vapeur qui, pour des températures élevées, n'atteindrait pas des tensions gênantes pour les constructeurs, pourrait s'employer utilement à ces températures.

Un liquide se congélant moins rapidement que l'eau permettrait de reculer la température basse.

Ces remarques nous conduisent aux machines à vapeur multiples.

Soit une machine à vapeur d'eau fonctionnant entre les limites de températures usuelles t_0, t_1. On peut concevoir deux autres appareils employant des vapeurs distinctes et telles que leurs qualités physiques permettent d'obtenir utilement du travail, l'une entre les températures t_1 et $t_2 > t_1$, l'autre entre les limites t_0 et $t_3 < t_0$. Imaginons, de plus, que le condenseur de la première machine serve de chaudière à la machine à vapeur d'eau, et que le condenseur de celle-ci serve de chaudière à la troisième machine. Rien ne nous empêcherait de tirer parti d'un pareil choix de substances et d'associer les trois machines de telle façon qu'avec l'unique dépense de chaleur faite pour la première, on réalisât, comme diagramme, la somme des trois diagrammes partiels. On aurait ainsi une *machine ternaire*.

En théorie, le nombre des appareils asssociés de la sorte peut croître indéfiniment, à la condition de trouver autant de substances telles que chacune se prête au fonctionnement convenable de chacun de ces appareils.

IV.

82. Pour tirer parti de la théorie précédente, il faut connaître les quantités

$$p, w, \mathrm{W}, \mathrm{L}, \lambda, r, \mathrm{R}, \mathrm{T},$$

fonctions de la température, au nombre de huit, mais qui se réduisent à six distinctes en vertu des équations (6) et (8). — Il faut en outre connaître la chaleur spécifique a de l'eau sous une pression constante p.

Voyons ce qu'on sait à ce sujet :

1° La fonction $p = f(t)$ est connue par les expériences de M. Regnault jusqu'à la valeur de $t = 230°$, pour laquelle $p = 27^{\mathrm{atm}},535$.

2° w est une quantité négligeable dans le plus grand nombre des applications; on possède d'ailleurs quelques expériences à son sujet.

3° W est malheureusement inconnu. Pour la vapeur d'eau, on sait seulement que pour $t = 100°$, d'après Gay-Lussac, $\mathrm{W} = 1^{\mathrm{m3}},696$; l'incertitude qui règne sur cette dernière détermination dépasse certainement la valeur de w, ce qui permet de négliger w devant W, au moins pour $t < 100$.

4° La chaleur spécifique de l'eau peut être regardée comme étant sensiblement constante entre $t = 0$ et $t = 100$. Posons donc, quel que soit p,

$$a = 1, \qquad \int_0^t a\,dt = t.$$

5° En ce qui concerne L, M. Regnault a fait connaître la quantité totale de chaleur nécessaire pour faire passer 1 kilogramme d'eau, pris à 0, à l'état de vapeur saturée à t : c'est l'expression

$$606,5 + 0,305\ t\,;$$

par suite, nous écrirons

$$L = 606,5 + 0,305\ t - t = 606,5 - 0,695\ t.$$

6° Il y a lieu de croire que la différence entre r et a est négligeable et que, par suite, dans les applications, on pourra adopter la valeur constante $r = 1$.

Il reste à connaître soit R, soit T, quantités liées par l'équation (6).

A défaut de déterminations expérimentales directes, on ne peut faire autrement que d'accepter à leur sujet ce qui, dans la seconde partie du cours, ressortira de la théorie mécanique de la chaleur.

FIN DE LA PREMIÈRE PARTIE.

DEUXIÈME PARTIE.

Théorie mécanique de la chaleur et particularités qu'elle
introduit dans la théorie générale.

INTRODUCTION.

Conditions de fonctionnement et diagramme d'une machine motrice théoriquement parfaite au point de vue de la meilleure utilisation de la chaleur. — Détails historiques.

I.

83. Deux corps de températures différentes mis simplement en présence ne donnent lieu qu'aux phénomènes résultant du libre passage de la chaleur de l'un à l'autre. Employés à maintenir deux réservoirs de gaz, l'un à une température élevée, l'autre à une température basse, ils nous donnent le moyen de faire fonctionner une machine motrice, ainsi qu'on l'a vu au début de ces leçons. Tout passage de chaleur d'un corps chaud à un corps froid doit donc être regardé comme la source possible d'un certain travail mécanique. D'où cette conclusion :

Dans une machine motrice parfaite, au point de vue de la meilleure utilisation de la chaleur, il ne doit jamais y avoir passage direct de chaleur d'une partie plus chaude à une partie plus froide.

84. De là découlent les conditions de fonctionnement d'une machine théoriquement parfaite. D'après les propriétés physiques des gaz et des vapeurs, et à l'aide de la conception des enveloppes imperméables à la chaleur, il va nous être facile de tracer le *diagramme* d'une telle machine. Nous rapporterons à deux axes rectangulaires (*fig.* 16) les volumes et les pressions du kilogramme de fluide employé ; à tout état de ce fluide correspondra un certain point de la figure ; et, conformément à notre usage, les courbes de détente seront dites d'espèce ψ, s'il s'agit de la détente naturelle dans une enveloppe imperméable à la chaleur, et d'espèce φ pour le cas de la détente sous température constante.

Soient données deux sources de chaleur, A_1 et A_0, aux températures

t_1, t_0, inégales, t_1, pour fixer les idées, étant supposée plus grande que t_0. Concevons, d'autre part, qu'on mette à notre disposition un cylindre indéfini et un piston imperméables à la chaleur.

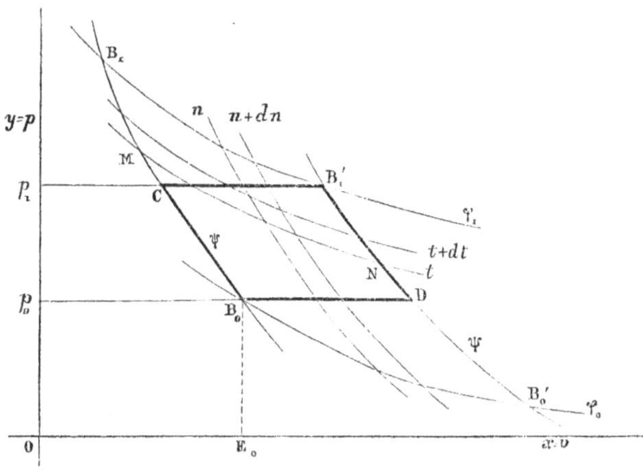

Fig. 16.

J'introduis dans le cylindre 1^k de gaz à la température t_0, sous le volume OE_0 et à la pression correspondante E_0B_0. Je le refoule sans lui donner ni lui retirer de chaleur et je trace la courbe B_0B_1, d'espèce ψ, représentant la loi de sa compression; la température du gaz s'élève à mesure que son volume diminue; à l'instant où elle devient égale à t_1, j'arrête le piston. J'imagine que le gaz arrivé ainsi à l'état B_1, soit mis en communication intime avec la source A_1; je le laisse se détendre, mais d'une manière assez lente pour que, à la faveur de la source A_1, sa température ne s'abaisse pas et demeure égale à t_1. Une courbe $B_1B'_1$, d'espèce φ, figure dans ces conditions la loi de sa détente. Puis, à un certain moment, auquel le gaz est arrivé par exemple à l'état B'_1, je suppose qu'on écarte la source A_1; la détente continue suivant la loi représentée par la courbe $B'_1B'_0$ d'espèce ψ; en même temps, la température du gaz diminue; à l'instant où elle devient égale à t_0, j'arrête le piston.

J'imagine qu'aussitôt le gaz, arrivé ainsi à un état B'_0, soit mis en communication avec la source A_0; je le comprime ensuite, mais d'une manière assez lente pour que, à la faveur de la source A_0, sa température ne s'élève pas et demeure égale à t_0 : la loi de cette compression est une courbe $B'_0 B_0$ d'espèce φ qui passe nécessairement par le point initial B_0.

Le gaz est ainsi ramené finalement à son état primitif, après avoir passé par diverses phases de détente et de compression clairement représentées par la figure fermée $B_0 B_1 B'_1 B'_0$. Voyons les résultats d'un pareil *cycle d'opérations* :

A l'égard de la machine : 1° La détente du gaz, suivant les courbes $B_1 B'_1$, $B'_1 B'_0$, produit un travail représenté par la somme des aires comprises entre ces lignes et l'axe des volumes ; 2° sa compression suivant les courbes $B'_0 B_0$, $B_0 B_1$, exige au contraire une dépense de travail figurée par le total des aires limitées par l'axe Ov et ces dernières lignes. Il y a donc eu, en définitive, gain de travail, et la figure donne pour sa valeur

$$S = \text{aire } B_0 B_1 B'_1 B'_0.$$

A l'égard des sources de chaleur, l'une A_1 a dû céder au gaz une somme de chaleur q_1 durant la détente de B_1 à B'_1 ; inversement, l'autre A_0 a reçu du gaz une certaine quantité de chaleur q_0, pendant la compression de B'_0 à B_0.

En rapprochant ces résultats, on voit qu'au fait physique d'une soustraction de chaleur subie par la source chaude et d'une addition de chaleur éprouvée par la source froide, correspond une production de travail mécanique. Or, le cycle d'opérations précédent n'a sûrement été accompagné d'aucun passage direct de chaleur entre des corps de températures différentes. Donc (83), S doit être regardé comme le maximum de travail qu'il soit possible d'obtenir avec les quantités de chaleur q_1, q_0, aux températures t_1, t_0, des sources A_1, A_0.

85. Le cycle d'opérations dont on vient de considérer les résultats peut se parcourir en sens inverse. Il devient alors le suivant :

Le kilogramme de gaz, pris à l'état B_0, pour lequel sa température est t_0, se dilate suivant une courbe de détente sous température constante t_0, de B_0 en B'_0, moyennant la présence de la source A_0 et une dépense de chaleur q_0 faite par celle-ci. Parvenu à l'état B'_0, il est comprimé suivant la courbe $B'_0 B'_1$ d'espèce ψ, jusqu'à ce qu'il ait atteint l'état B'_1 pour lequel sa température est t_1 ; il est alors mis en communication avec la source

A_1, qui le maintient à la température t_1 durant qu'il continue d'être comprimé de B_1' en B_1, suivant une courbe d'espèce φ, et moyennant que cette source reçoive du gaz une quantité de chaleur q_1. Arrivé à l'état B_1 il se dilate suivant une courbe B_1B_0 d'espèce ψ et revient à son état initial B_0.

Dans ces conditions, on voit sur la figure qu'il y a finalement une consommation de travail représentée par

$$S = \text{aire } B_0B_1B_1'B'_0,$$

précisément égale au bénéfice de travail réalisé en premier lieu.

Le fait physique de cette dépense de travail accompagne une soustraction de chaleur subie par la source froide et une addition éprouvée par la source chaude.

En un mot, le cycle d'opérations se renversant, le gaz repasse successivement par les mêmes états, mais dans un ordre inverse; les résultats définitifs conservent leurs valeurs numériques, mais ils se rapportent à des faits opposés. C'est ce qu'on exprime d'un mot en disant que ce cycle d'opérations est *reversible*.

86. Ces considérations s'appliquent aux vapeurs comme aux gaz.

Dans le cas des vapeurs, les courbes d'espèce φ sont des parallèles à l'axe des volumes, et le diagramme de la machine théoriquement parfaite, tel que $B_0B_1B'_1B'_0$ (*fig*. 17), est circonscrit par deux droites et deux courbes ψ. Il y a lieu de remarquer que l'aire en question n'a cette forme quadrilatérale qu'autant qu'elle est comprise entre les deux courbes $v = w$, $v = W$ et la droite $p = \pi_0$, définies aux n°s 70 et 71, et en dehors desquelles on rencontre soit l'état liquide, soit l'état gazeux, soit un commencement de congélation.

87. Plus loin, nous signalerons l'infériorité caractéristique que présente toute machine, à air ou à vapeur, relativement à la machine théoriquement parfaite dont nous venons d'envisager le mode de fonctionnement.

Pour le moment, le type rationnel d'une machine théoriquement parfaite nous révèle l'existence de corrélations définies entre deux sortes de grandeurs, travail mécanique et quantités de chaleur, susceptibles de se modifier simultanément par l'intermédiaire d'agents physiques.

Si, conformément à la méthode exposée au chapitre IV et rappelée
au n° 48, les équations des courbes φ et ψ, et l'expression de δQ étaient

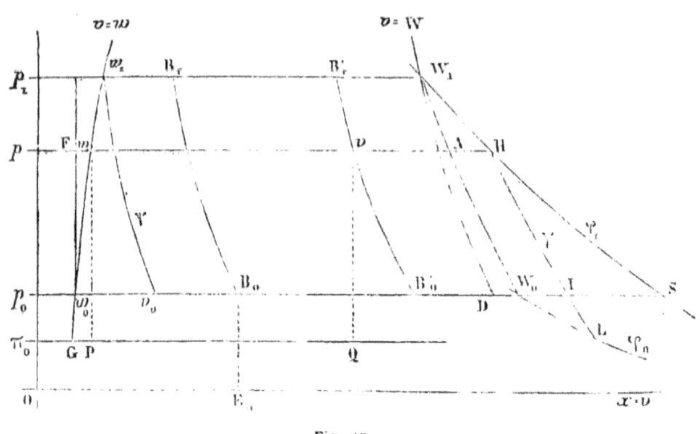

Fig. 17

connues, tous les éléments du diagramme $B_1B'_1B'_0B_0$, et particulièrement les valeurs de S, q_1, q_0, seraient calculables sans qu'on eût lieu
de faire aucune hypothèse sur la nature de la chaleur.

La théorie développée dans la première partie de ces leçons a eu
pour objet d'établir des relations générales entre les propriétés calorifiques et expansives des fluides élastiques telles que l'expérience
peut les révéler et les apprécier par des mesures. Elle ne fait appel à
aucun axiome métaphysique ; elle aurait pu être et elle sera de tous
les temps. Des résultats d'observation, voilà ses données ; qu'ils soient
assez nombreux, et cette théorie, complète en elle-même, le sera dans
toutes ses conséquences numériques.

Si, en ce qui concerne la nature de la chaleur, il est un principe qui,
une fois admis, permette de développer, par un enchaînement logique,
une théorie des effets de la chaleur, cette dernière théorie, sous peine
d'être fautive, doit être d'accord avec celle qu'on vient de voir ; elle
doit s'y trouver comprise ; ou, pour mieux dire, un tel principe, s'il
peut être invoqué, quel qu'il soit d'ailleurs, aura nécessairement pour
conséquence d'introduire dans les équations trop générales de la théorie
précédente certaines particularités qui les réduiront à des formes
plus simples et suppléeront au manque d'expériences directes.

II.

88. C'est Sadi Carnot qui, le premier, en 1824, dans un ouvrage intitulé : *Réflexions sur la puissance motrice du feu et sur les machines propres à développer cette puissance*, s'est proposé d'étudier le rôle de la chaleur dans les machines motrices et de l'envisager dans toute sa généralité, abstraction faite des mécanismes.

Dix ans plus tard, les idées de Carnot trouvèrent dans Clapeyron un commentateur habile [1]. C'est Clapeyron qui a imaginé de tracer les figures $B_0B_1B'_1B'_0$ que nous venons de décrire. Dans ses développements analytiques, Clapeyron raisonne dans l'hypothèse où les phénomènes de la chaleur seraient dus à l'existence d'un fluide impondérable, *le calorique*, susceptible de se déplacer, mais indestructible. A ce point de vue, dans une machine théoriquement parfaite, la chaleur prise à la source chaude passe intégralement dans la source froide : les quantités q_1, q_0 sont égales.

Voyons ce qu'on peut logiquement démontrer quand, à tort ou à raison, on se place à un tel point de vue :

1° Avec l'égalité

$$q_1 = q_0 = q,$$

le travail S des figures 16 et 17 sera le parfait équivalant mécanique d'une somme de chaleur q descendue de la température t_1 de la source A_1 à la température inférieure t_0 de la source A_0.

Tout autre gaz que celui de la figure 16 et tout autre mélange de liquide et de vapeur que celui de la figure 17 pourront être employés de manière à faire descendre une même somme de chaleur q de la même source A_1 à la même source A_0, et alors les quantités q, t_1, t_0 étant les mêmes pour différents fluides élastiques, il faudra que les quantités correspondantes de travail que l'on obtiendra de ces fluides

$$S, S', S'', \ldots\ldots,$$

soient toutes égales. En effet, supposons qu'avec un certain fluide

---

[1] Mémoire sur la puissance motrice de la chaleur (*Journal de l'École polytechnique*, 1834).

élastique on obtienne une quantité S, et que, avec un autre fluide élastique, il soit possible d'obtenir une quantité moindre, $S - s$, de travail. Nous serions parfaitement libre d'employer le premier fluide à faire descendre une somme de chaleur q de A_1 à A_0, de manière à obtenir la quantité de travail S, puis d'employer le second fluide à faire remonter la même somme de chaleur q, de A_0 en A_1 avec une dépense de travail égale à $S - s$, ce qui nous laisserait un bénéfice net, sans cause, égal à s. Puis, en répétant la double opération n fois de suite, nous obtiendrions le travail ns, qui croîtrait sans limite avec n; c'est-à-dire que, avec rien et après avoir ramené toutes choses dans leur état initial, il nous serait loisible de créer autant de travail que nous voudrions, ce qui doit être regardé comme absurde.

Telle est l'idée mère ou l'axiome fondamental des raisonnements de Carnot : *Il serait absurde d'admettre la possibilité de créer de toutes pièces de la chaleur ou du travail.*

D'après cet axiome, il devra y avoir, dans l'hypothèse du calorique, entre la quantité de travail S et les quantités correspondantes q, t_1, t_0, une relation indépendante de la nature du fluide élastique qui aura servi à l'opération.

2° De plus, entre les mêmes températures t_1, t_0 il faudra que quantité S augmente proportionnellement à q, afin que par n opérations successives, toutes identiques, le travail réalisé nS soit précisément celui qu'on obtiendrait d'une seule opération à l'aide d'une quantité de chaleur égale à nq. Il faudra qu'on ait :

$$nF\,(q,\ t_1,\ t_0) = F\,(nq,\ t_1,\ t_0),$$

et par conséquent

$$S = q\,F(t_1,\ t_0),$$

la fonction F étant complétement indépendante de la nature du fluide élastique qu'on voudra employer.

3° L'équation précédente, appliquée à une bande détachée dans le diagramme par deux courbes de détente d'espèce φ, aux températures t et $t + dt$ infiniment voisines, donne pour l'aire dS de cette bande une expression de la forme

$$dS = qf'(t)dt.$$

D'après cela, si t', t'', t''', etc., désignent une série de températures infiniment voisines, intermédiaires entre t_0 et t_1, les bandes successives détachées dans le diagramme par les courbes de détente à ces diverses températures auront pour expression les quantités.

$$qf(t_0)dt_0, \qquad qf(t')dt', \qquad qf(t'')dt''\ldots,$$

dont la somme est égale à S. Il faudra, par conséquent, que la fonction $F(t_1, t_0)$ soit une intégrale définie de t_0 à t_1. En désignant par C une fonction de la température t, commune à tous les fluides, on aura donc :

$$S = q \int_{t_0}^{t_1} \frac{dt}{C},$$

expression analogue à celle du travail qu'on obtient d'une chute d'eau, q remplaçant le poids descendu, et $t_1 - t_0$ jouant le rôle de la différence des niveaux.

89. L'utilisation de la machine théoriquement parfaite, d'après la dernière équation, serait :

$$U = \frac{S}{q} = \int_{t_0}^{t_1} \frac{dt}{C};$$

elle ne dépendrait que des températures extrêmes et non du fluide employé.

III.

90. L'hyothèse de Carnot était généralement admise de son temps. Plus tard, elle a été contestée. « Au reste, avait dit Carnot, les princi- « paux fondements sur lesquels repose la théorie de la chaleur auraient « besoin de l'examen le plus attentif. Plusieurs faits d'expérience « paraissent à peu près inexplicables dans l'état actuel de cette « théorie [1]. »

Déjà, à diverses époques, plusieurs savants ou philosophes avaient

---

[1] *Réflexions sur la puissance motrice du feu*, note p. 37. Paris, Bachelier, 1824.

été conduits à entrevoir certains rapports entre divers phénomènes calorifiques et ceux du mouvement. Les idées, à cet égard, longtemps vagues et confuses, se précisèrent il y a une vingtaine d'années. Presque simultanément, les *Remarques sur les forces de la nature inanimée*, du docteur J.-R. Mayer, de Heilbronn [1], publiées en 1842, les recherches de l'ingénieur A. Colding, de Copenhague [2], les expériences faites de 1843 à 1849 par Joule, de Manchester [3], vinrent rompre avec l'hypothèse du calorique et baser une opinion nouvelle, d'après laquelle la chaleur ne serait autre chose qu'un mode de mouvement. A ce point de vue, la chaleur se comporterait comme de la force vive : travail et chaleur seraient des quantités convertibles l'une en l'autre. Dans une machine motrice thermique, quelle que soit la forme d'un diagramme, le travail obtenu serait le produit d'une constante par la quantité de chaleur disparue. Bien plus, dans tous les phénomènes où il y a disparition de force vive ou de travail, ce qui ne reparaîtrait pas sous forme de travail produit ou d'ébranlement serait représenté par de la chaleur; inversement, une perte de chaleur serait accompagnée d'une production de travail mécanique ; et il existerait un rapport constant entre les quantités de chaleur perdue ou produite et de travail effectué ou disparu.

Aujourd'hui, les idées de Mayer, Colding et Joule sont généralement admises. Elles ont été l'objet de savantes recherches. En attribuant les effets de la chaleur à un mouvement vibratoire des molécules, on a été conduit à formuler des principes susceptibles d'expliquer les phénomènes où la chaleur est en cause.

Notre objet étant surtout d'établir la théorie des machines motrices, nous aurons constamment besoin d'envisager le diagramme de la machine théoriquement parfaite. Son expression, au point de vue que nous venons d'indiquer en dernier lieu, serait

$$S = K\,(q_1 - q_0), \qquad (1)$$

K désignant le nombre constant de kilogrammètres auquel équivaudrait la production ou la disparition d'une calorie.

---

[1] Bemerkungen über die Kræfte der unbelebten Natur (*Annales de chimie de Woehler et Liebig*, 1842, p. 239).

[2] Nogle sætninger om kræfterne (quelques réflexions sur les forces), mémoire présenté en 1843 à l'Académie des sciences de Copenhague, par L.-A. Colding, membre de cette académie.

[3] Transactions philosophiques de Londres, pour 1850.

91. On va voir que, sans rien préjuger sur la nature de la chaleur, et par conséquent sur l'égalité ou l'inégalité des quantités q_1 et q_0, il va nous être possible d'établir, entre ces quantités et S, une relation générale embrassant tous les points de vue compatibles avec l'axiome de Carnot. L'équation (1), conforme au principe actuel de la théorie mécanique de la chaleur, se présentera comme cas particulier de cette relation générale.

Il est un second principe formulé par M. Clausius. Son énoncé et les réductions qu'il apporte aux équations déjà simplifiées par le premier principe feront l'objet de la dernière section du cours.

Enfin, on ne devra jamais perdre de vue que ces principes et leurs conséquences ont besoin d'un appui ou d'un contrôle expérimental.

PREMIÈRE SECTION

Établissement de la théorie mécanique de la chaleur. — Développement des équations générales de cette théorie.

CHAPITRE PREMIER.

Axiome servant de base à la théorie mécanique de la chaleur. — Conséquences de cet axiome : 1º à l'ancien point de vue de Carnot et de Clapeyron ; 2º au point de vue actuel des physiciens. — Principe de l'équivalence de la chaleur et du travail.

I.

92. L'examen du mode de fonctionnement d'une machine théoriquement parfaite a mis en évidence la quantité de travail maximum S qu'il est possible d'obtenir à l'aide d'un certain fluide qui reçoit une somme de chaleur q_1, d'une source A_1 à la température t_1, et qui verse une somme de chaleur q_0 dans une source A_0 à la température t_0. — S est assurément une fonction déterminée des quantités q_1, q_0, t_1, t_0 et de l'espèce du fluide. Nous nous proposons de rechercher la nature de cette fonction.

Appelons S′ le travail qu'un second fluide, employé entre les mêmes températures, permet d'obtenir moyennant qu'une quantité de chaleur q'_1, sorte de A_1, et que A_0 reçoive une somme q'_0 de chaleur. L'opération étant reversible, c'est dire que, par une dépense de travail

S', ce fluide nous donne le moyen d'appauvrir A_0 de q'_0 et d'accroître A_1 de q'_1.

Si l'on répète n fois l'opération directe avec le premier fluide et n' fois l'opération renversée avec le second, la somme de travail, positive s'il y a bénéfice réel, devient

$$nS - n'S' ;$$

en même temps, les sources A_1, A_0 ont éprouvé des *pertes* de chaleur qui s'expriment algébriquement par les quantités

$$nq_1 - n'q'_1 \qquad \text{pour } A_1. \qquad n'q'_0 - nq_0 \qquad \text{pour } A_0.$$

D'ailleurs, chaque fluide se trouve ramené à son état initial.

Il est toujours permis de supposer que q_0 et q'_0 soient des nombres entiers. Je puis alors disposer de n et n' de telle sorte que rien ne soit finalement changé dans la source A_0 ; c'est-à-dire me donner la condition

$$n'q'_0 - nq_0 = 0. \tag{1}$$

En ce cas, la perte subie par A_1 représente la quantité de chaleur totalement disparue. Le rapport du bénéfice de travail à cette perte de chaleur

$$\frac{nS - n'S'}{nq_1 - n'q'_1} = K_1, \tag{2}$$

doit être positif ; car on ne peut admettre qu'on obtienne, par un même ensemble d'opérations, et du travail et de la chaleur. De plus, le rapport K_1 est indépendant de la nature des fluides employés : en effet, si, par exemple, deux autres fluides, dans les mêmes circonstances, nous donnaient une somme de travail $K_1 - k_1$ moindre que K_1, nous pourrions faire le raisonnement de Clapeyron, nous servir de ces derniers fluides, en renversant les opérations qui s'y rapportent, de manière à ramener A_1 dans son état initial, et alors nous obtiendrions un bénéfice de travail k_1 sans que rien ne fût changé dans le monde physique, ce qui est inadmissible. Enfin K_1 ne pourra dépendre que de la température t_1 de A_1, puisque A_0 n'a subi aucun changement.

Le rapport K_1 est donc une fonction de t_1, et la même fonction pour tous les fluides. En raison de la condition (1) on peut, dans (2), remplacer n par q'_0, et, n' par q_0 et par suite, écrire :

$$\frac{q'_0 S - q_0 S'}{q'_0 q_1 - q_0 q'_1} = K_1. \tag{3}$$

Actuellement, revenons au point de départ. Les nombres q_1 et q_1', à leur tour, pouvant toujours être supposés entiers, disposons de n et n' de telle sorte que rien ne soit finalement changé dans la source Λ_1 ; c'est nous donner la condition

$$nq_1 - n'q'_1 = 0. \tag{4}$$

Le rapport du bénéfice de travail à la perte de chaleur est

$$\frac{nS - n'S'}{n'q_0' - nq_0} = K_0. \tag{5}$$

On reconnaîtra comme tout à l'heure que K_0 doit être positif, et une même fonction de t_0 pour tous les fluides. La condition (4) permet ici de remplacer n par q'_1, n' par q_1, et d'écrire

$$\frac{q'_1 S - q_1 S'}{q'_0 q_1 - q_0 q'_1} = K_0. \tag{6}$$

Les deux équations (3) et (6), résolues par rapport à S et S', donnent

$$S = K_1 q_1 - K_0 q_0 \qquad\qquad S' = K_1 q'_1 - K_0 q'_0,$$

expressions semblables qui se confondent dans la formule unique

$$S = K_1 q_1 - K_0 q_0. \tag{7}$$

92 *bis.* Le mode de démonstration de cette équation serait en défaut si le dénominateur commun des expressions (3) et (6) était nul. Je dis que la relation (7) convient néanmoins à ce cas particulier et qu'elle est, par conséquent, absolument générale.

Si dans les expressions (3) et (6), le dénominateur qui représente une perte de chaleur était nul, les numérateurs, qui expriment des quantités de travail, seraient également nuls, sans quoi on pécherait contre l'axiome de Carnot. Donc si

$$\frac{q_1}{q_0} = \frac{q'_1}{q'_0},$$

on n'a plus que la relation unique

$$\frac{S}{S'} = \frac{q_0}{q'_0} = \frac{q_1}{q'_1}. \tag{8}$$

Nous remarquerons d'abord que, s'il existait un seul fluide qui, employé successivement avec tous les autres, ne fît pas avoir la relation (8), on réussirait, au moyen des équations (3) et (6), à démontrer la formule (7) pour tous les gaz et toutes les vapeurs indistinctement. Ainsi le mode de démonstration de la formule (7) ne saurait être en défaut que dans le cas où, pour tous les fluides de la nature employés entre les mêmes températures t_0, t_1, et quelle que fût l'étendue des courbes $B_1B'_1$, $B_0B'_0$, le rapport des quantités de chaleur q_1, q_0 serait le même [1].

La relation générale (n° 31)

$$\delta Q = T dn$$

donne une autre tournure à cette dernière conclusion. En effet, q_1, q_0 sont les sommes des quantités δQ entre deux courbes d'espèce ψ ; donc si leur rapport reste le même, quel que soit l'intervalle de ces courbes et quel que soit le fluide employé, il faut que T soit une onction de t seulement, et qu'on ait

$$\frac{q}{T} = \frac{q_0}{T_0} = \frac{q_1}{T_1} = \text{etc.} \tag{9}$$

pour tous les fluides, gaz ou vapeurs [2].

Ces observations faites, considérons S', q'_0, q'_1 comme se rapportant à un certain fluide en particulier. Pour tout autre fluide, la relation (8) donnera

$$S = q_0 \frac{S'}{q'_0}, \qquad\qquad S = q_1 \frac{S'}{q'_1},$$

ou, remarquant que les rapports de S' à q'_0 ou q'_1 sont des fonctions déterminées de t_0 et t_1 :

$$S = q_0 f(t_0, t_1), \qquad\qquad S = q_1 F(t_0, t_1).$$

---

[1] On verra que c'est précisément en cela que consiste le principe de M. Clausius.

[2] On sait que pour les vapeurs T est fonction de t seulement ; donc il doit en être de même pour les gaz, si les égalités (8) et (9) sont universelles.

D'après cela, l'aire d'une bande détachée dans le diagramme par deux courbes de détente d'espèce φ, sous les températures infiniment voisines t et $t + dt$ (*fig.* 16) est de la forme

$$dS = q\, f(t)\, dt,$$

q désignant la quantité de chaleur que le fluide doit céder ou recevoir pour se dilater ou se comprimer sous température constante t de M en N.

Mais, d'après (9) $\qquad q = q_0 \dfrac{T}{T_0},$

en substituant dans l'équation précédente, il vient :

$$dS = q_0 \frac{T}{T_0}\, f(t)\, dt,$$

ou puisque, dans le cas particulier qui nous occupe, T est fonction de la température seulement :

$$dS = \frac{q_0}{T_0}\, \chi(t)\, dt.$$

Appelons t', t'', t'''... des températures infiniment voisines, intermédiaires entre t_0 et t_1, les aires des bandes successives détachées dans le diagramme par les courbes de détente à ces diverses températures, auront pour expressions les quantités

$$\frac{q_0}{T_0}\, \chi(t_0)\, dt_0, \qquad \frac{q_0}{T_0}\, \chi(t')\, dt', \qquad \frac{q_0}{T_0}\, \chi(t'')\, dt''\ldots$$

qui, ajoutées, donneront visiblement

$$S = \frac{q_0}{T_0} \int_{t_0}^{t_1} \chi(t)\, dt, \qquad\qquad (10$$

ou autrement, d'après (9) :

$$S = \frac{q_1}{T_1} \int_{t_0}^{t_1} \chi(t)\, dt. \qquad\qquad (11)$$

Cela posé, nous remarquerons que l'équation (7) en vertu de la relation (9) devient

$$S = \frac{q_0}{T_0} \left[K_1 T_1 - K_0 T_0 \right] = \frac{q_1}{T_1} \left[K_1 T_1 - K_0 T_0 \right];$$

c'est à dire,

$$S = \frac{q_0}{T_0} \int_{t_0}^{t_1} \frac{d\,(KT)}{dt}\,dt = \frac{q_1}{T_1} \int_{t_0}^{t_1} \frac{d\,(KT)}{dt}\,dt.$$

On voit que les relations particulières (10) et (11) rentrent dans ces derniers résultats.

Cette discussion démontre que, dans tous les cas, les quantités S, q_1, q_0 sont liées par la formule générale

$$S = K_1 q_1 - K_0 q_0 = \int_{t_0}^{t_1} \frac{d\,(Kq)}{dt}\,dt, \qquad (12)$$

K ne pouvant être qu'une même fonction de la température pour tous les fluides de la nature, ou une constante.

93. Appliquons ce résultat au cas d'un diagramme compris entre deux courbes n et $n + dn$, d'espèce ψ, infiniment voisines (*fig.* 16). D'après l'équation générale

$$\partial Q = T dn,$$

les valeurs des quantités q_1, q_0, infiniment petites pour ce diagramme, sont

$$q_1 = T_1 dn, \qquad\qquad q_0 = T_0 dn.$$

Conformément à (12), l'aire du diagramme proposé est donc

$$dS = \left(K_1 T_1 - K_0 T_0 \right) dn = dn \int_{t_0}^{t_1} \frac{d\,(KT)}{dt}\,dt ;$$

Considérons, pour un instant, la température t_0 comme donnée. La bande comprise entre les deux courbes ψ peut se prolonger indéfiniment par le haut; son aire croît avec t_1, donc *le produit KT doit être une fonction croissante avec la température t.*

L'utilisation de ce même diagramme infiniment étroit est

$$U = \frac{dS}{q_1} = K_1 \left(1 - \frac{K_0 T_0}{K_1 T_1} \right). \qquad (13)$$

94. Tels sont les résultats auxquels conduisent les raisonnements abstraits, fondés uniquement sur ce qu'*il serait absurde d'admettre* *la possibilité de créer de toutes pièces du travail ou de la chaleur.* Des hypothèses ou des expériences spécifiant la nature des quantités K et T permettront d'aller plus loin.

Nous remarquerons toutefois qu'on ne pourrait avoir, en même temps,

$$T = \text{constante} \quad \text{et} \quad K = \text{constante} :$$

car il s'ensuivrait $S = 0$; ce qui est inadmissible, comme le montrent les figures 16 et 17; cela résulte d'ailleurs de ce qu'on vient de reconnaître au sujet du produit KT.

II.

95. Au point de vue de Carnot et de Clapeyron :

$$q_1 = q_0 = q.$$

Cette égalité oblige de supposer que T est une constante ; alors ∂Q est une différentielle exacte. L'équation (12) devient

$$S = q\left(K_1 - K_0\right) = q \int_{t_0}^{t_1} \frac{dK}{dt}\, dt.$$

K est alors une variable : c'est une fonction croissante de la température et la même fonction pour tous les fluides. On retrouve identiquement l'équation de Clapeyron, si l'on pose $\dfrac{dK}{dt} = \dfrac{1}{C}$.

96. Si T n'est pas une constante, remontons aux équations (2) et (5). D'après ces équations, K exprime le travail produit par la destruction à la température t, d'une quantité de chaleur égale à 1. Alors les termes $K_1 q_1$, $K_0 q_0$ de l'équation (12), et cette équation elle-même, deviennent susceptibles d'une interprétation très-simple : le fluide recevant la quantité de chaleur q_1 à la température t_1 se trouve recevoir une somme de travail $K_1 q_1$; perdant une somme de chaleur q_0 à la température t_0, il abandonne une quantité de travail $K_0 q_0$: le fluide ayant été ramené à son état initial, on utilise la différence S.

Du moment que de la chaleur équivaut à du travail, la question est de savoir si K est une fonction de la température ou une constante. On a toutes raisons de croire que K ne peut être qu'une constante. En effet, dans le cas où une transmission libre s'établit, par rayonnement ou par contact, sans déperdition étrangère, entre deux sources de chaleur dont les températures sont t_1 et t_0, si l'une perd une somme de chaleur q, l'autre doit bénéficier de cette même somme. S'il en est ainsi, l'une des sources a perdu une quantité $K_1 q$ de travail, tandis que, dans l'autre, le travail s'est augmenté de $K_0 q$; or, la différence

$$(K_1 - K_0)\, q$$

doit être nulle, sans quoi, il y aurait création ou destruction de travail, ce qui est inadmissible ; donc la valeur de K est une constante : on l'appelle *l'équivalent mécanique de la chaleur*.

L'équation (12) devient alors

$$S = K\,(q_1 - q_0).$$

Nos raisonnements nous conduisent ainsi à l'équation qu'on écrit généralement de prime abord en faisant l'hypothèse que la chaleur est du mouvement.

L'utilisation du diagramme compris entre deux courbes d'espèce ψ infiniment voisines, représentée par l'équation (13) se réduit à :

$$U = K\,\frac{T_1 - T_0}{T_1}.$$

Dans cet ordre d'idées, δQ n'est pas une différentielle exacte, et T est une fonction, soit de la température seule, soit de la température et d'une autre variable.

97. Tels sont donc les caractères particuliers des quantités K et T, qui différencient l'ancien système de Carnot et de Clapeyron du système actuel. Tant que l'on conservera ces deux quantités sous les signes $\int$ et d, nos équations embrasseront tous les points de vue compatibles avec l'axiome qui a servi de base à nos raisonnements. Cette observation faite une fois pour toutes, nous supposerons implicitement K constant dans ce qui va suivre.

CHAPITRE II.

Condition restrictive introduite par le principe de l'équivalence de la chaleur et du travail dans les équations générales des propriétés calorifiques et expansives des fluides. — Établissement d'une nouvelle équation ayant pour objet de représenter la quantité de travail emmagasinée dans un fluide. — Cas de l'air. — Cas des vapeurs.

I.

98. Il a été établi, dans la première partie du cours (chapitre IV), que pour soumettre au calcul les propriétés calorifiques et expansives d'un fluide élastique, il fallait prendre en considération trois équations telles que :

$$\left.\begin{array}{l} \varphi\,(v,\,p) = t,\ \text{loi de la détente sous température constante } t; \\ \psi\,(v,\,p) = n,\ \text{loi de la détente dans une enveloppe imperméable à la} \\ \qquad\qquad\qquad \text{chaleur;} \\ \delta Q = A\,dv + B\,dp,\ \text{quantité de chaleur pour la dilatation en ligne} \\ \qquad\qquad\qquad \text{droite d'un point à un point infiniment voisin.} \end{array}\right\} \quad (1)$$

En désignant par a et b les chaleurs spécifiques, par λ et μ les chaleurs latentes, nous avons obtenu, entre ces quantités, d'après leurs définitions, les relations suivantes :

$$\left.\begin{array}{ll} A = a\dfrac{d\varphi}{dv}, & B = b\,\dfrac{d\varphi}{dp}; \\[2ex] \lambda = (a - b)\,\dfrac{d\varphi}{dv}, & \mu = (b - a)\,\dfrac{d\psi}{dp}. \end{array}\right\} \quad (2)$$

L'expression de δQ égalée à zéro a donné une relation différentielle qui doit être regardée comme caractérisant une courbe de l'espèce ψ, c'est-à-dire comme équivalant à la différentielle de la seconde des équations (1). De cette remarque, nous avons conclu qu'en désignant par T un certain diviseur d'intégralité, il fallait qu'il y eût identité entre

$$dn = \frac{dn}{dv}\, dv + \frac{dn}{dp}\, dp,$$

et

$$dn = \frac{\delta Q}{T} = \frac{A}{T}\, dv + \frac{B}{T}\, dp; \qquad\qquad (3)$$

d'où, entre les quantités A, B, T, la condition algébrique

$$\frac{d}{dp}\left(\frac{A}{T}\right) - \frac{d}{dv}\left(\frac{B}{T}\right) = 0. \qquad\qquad (A)$$

Cette condition étant supposée satisfaite, il devient possible d'intégrer la seconde des équations (3), c'est-à-dire de trouver l'équation des courbes ψ. D'ailleurs, que cette dernière équation soit connue ou non, il nous est permis d'écrire :

$$\frac{A}{T} = \frac{dn}{dv}, \qquad\qquad\qquad \frac{B}{T} = \frac{dn}{dp}. \qquad\qquad (4)$$

Les valeurs de A et B tirées de ces égalités et portées dans les équations (2), fournissent entre a, b, λ, μ des relations nouvelles qui sont générales, quelles que soient les fonctions φ et ψ, et la valeur de T.

On sait enfin que la discussion qui vient d'être rappelée peut se faire, suivant la même méthode, avec les divers choix possibles de variables indépendantes.

99. Tel est, en résumé, le point où la théorie générale nous a conduit. Ici intervient la théorie mécanique de la chaleur. La nécessité de satisfaire au principe de l'équivalence du travail et de la chaleur va nécessairement nous imposer une condition restrictive dont nous n'avions pas eu précédemment à nous préoccuper.

Considérons (*fig.* 18) l'aire circonscrite par une ligne fermée quelconque AMBN, rapportée à deux axes Ov, Op, et dont l'équation, en p et v, est donnée. On obtiendra cette aire, S, en menant à la courbe deux tangentes AP, BQ parallèles à l'axe Op, car on lit sur la figure

$$S = \text{aire PAMBQ} - \text{aire QBNAP}.$$

Chacun des termes du second membre a pour expression différentielle pdv et peut se calculer séparément. Mais nous remarquerons que l'égalité précédente revient à écrire

$$S = \int_0^s pdv \qquad (5)$$

en convenant de désigner par la notation $\int_0^s$ une intégration faite à l'entour d'une ligne fermée, lorsque, partant d'un certain point et

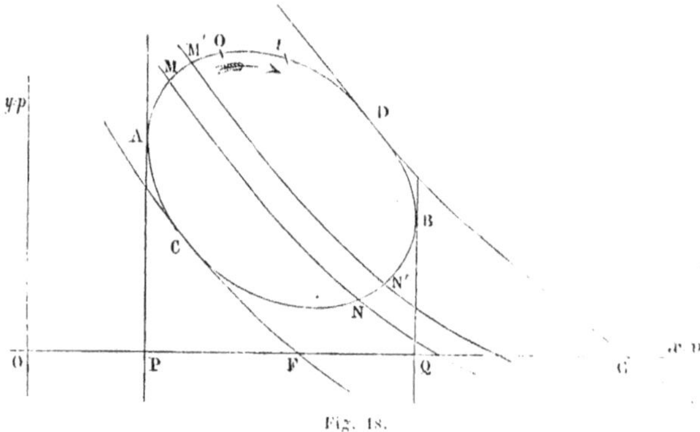

Fig. 18.

marchant dans un même sens, on revient au point de départ. Le résultat est évidemment indépendant du point initial choisi.

Actuellement, traçons une série de courbes d'espèce ψ infiniment rapprochées. Considérons l'aire dS comprise entre l'une d'elles MN et la suivante $M'N'$; soient δQ_1 et δQ_0 les sommes de chaleur nécessaires pour passer des points M et N aux points infiniment voisins M' et N'. On a, par hypothèse :

$$dS = K_1 \delta Q_1 - K_0 \delta Q_0.$$

Chacune des bandes comprises entre deux courbes ψ consécutives donnera lieu à une expression semblable. L'équation de la ligne $AMBN$

étant connue, il n'y a qu'une variable indépendante ; et l'on pourra calculer

$$S = \int K_1 \delta Q_1 - \int K_0 \delta Q_0$$

sans que les intégrations offrent d'autres embarras que des difficultés d'analyse. Le résultat d'un tel calcul, à l'aide de la notation dont nous venons de convenir, peut s'écrire

$$S = \int_0^s K\delta Q. \tag{6}$$

Voici donc l'aire S qui est exprimée par les équations (5) et (6) de deux manières distinctes. Par suite, on doit avoir l'égalité :

$$\int_0^s K\delta Q - \int_0^s pdv = 0. \tag{7}$$

Je dis que *cette égalité est satisfaite à la condition nécessaire et suffisante que l'expression*

$$K\delta Q - pdv,$$

soit une différentielle exacte, et cela, quelles que soient d'ailleurs les deux variables indépendantes qu'on voudra choisir entre les quatre quantités v, p, t, n.

Pour démontrer ce théorème, considérons une expression de l'espèce

$$\delta\Omega = Xdx + Ydy, \tag{8}$$

X, Y, étant des fonctions arbitrairement données de x et y. Une telle expression n'est généralement pas intégrable ; pour qu'elle le soit, il faut qu'on ait

$$\frac{dX}{dy} = \frac{dY}{dx} ;$$

lorsque cette dernière condition est remplie, il existe une certaine fonction

$$\Omega = F(x, y),$$

telle que sa différentielle soit le deuxième membre de l'expression (8).

Mais si l'on se donne une relation arbitraire quelconque entre x et y, il n'y a plus qu'une seule variable indépendante et l'intégration devient toujours possible. La relation posée entre x et y est l'équation d'une certaine ligne. Si le long de cette ligne on fait la somme des accroissements $\delta\Omega$ entre les deux points 0 et 1, on a toujours

$$\Omega_1 - \Omega_0 = \int_0^1 X dx + \int_0^1 Y dy;$$

et quand la ligne se ferme :

$$\Omega_s - \Omega_0 = \int_0^s X dx + \int_0^s Y dy,$$

Ω_s pouvant avoir autant de valeurs différentes qu'il plaira de tracer de courbes distinctes partant du point initial 0 et revenant à ce même point.

Or, quand le second membre de l'équation (8) est une différentielle exacte, on a, entre les deux points 0 et 1,

$$\Omega_1 - \Omega_0 = F(x_1, y_1) - F(x_0, y_0)$$

et ce résultat ne dépend plus de la configuration de la ligne tracée entre les points 0 et 1. Si la ligne se ferme, quelle qu'elle soit, le second membre de la dernière égalité devient nécessairement nul ; donc on a $\Omega_s = \Omega_0$, c'est-à-dire :

$$\int_0^s X dx + \int_0^s Y dy = 0.$$

L'égalité (7) étant de la forme de cette dernière équation, le théorème énoncé se trouve démontré.

100. Telle est donc la condition voulue par la théorie mécanique de la chaleur : nous devons mettre en ligne de compte une nouvelle équation

$$d\Omega = K\delta Q - p dv \qquad (9)$$

dont le deuxième membre doit être une différentielle exacte.

En intégrant entre deux points 0 et 1 d'une ligne quelconque, rapportée aux axes choisis, il vient

$$\Omega_1 - \Omega_0 = \int_0^1 K\delta Q - \int_0^1 pdv.$$

On voit par là que lorsqu'on passe du point 0 au point 1, la valeur de Ω s'accroît du travail équivalant aux quantités de chaleur δQ reçues par le fluide, et diminue du travail produit par la détente de ce fluide; Ω est, par conséquent, une grandeur qui s'augmente de tout le travail que le fluide reçoit sous forme de chaleur et qui diminue de tout ce qu'il rend sous forme de travail. Tout fluide élastique est donc un réservoir de travail : Ω est l'expression du travail qui s'y trouve emmagasiné.

Les physiciens voient dans Ω une grandeur étroitement en rapport avec la constitution moléculaire du fluide, interprétation que la suite fera mieux comprendre.

101. Développons maintenant la condition qui vient d'être établie. L'équation (9), en recourant à l'expression de δQ (n° 98), devient

$$d\Omega = K\delta Q - pdv = (KA - p)\, dv + KBdp.$$

Le dernier membre doit être une différentielle exacte; d'où la condition algébrique :

$$\frac{dKA}{dp} - \frac{dKB}{dv} = 1. \tag{B}$$

A la condition (A) établie par notre théorie générale, vient donc se joindre, maintenant, cette condition (B) nécessitée par la théorie mécanique de la chaleur.

Si l'on remarque que l'on a identiquement

$$KA = \frac{A}{T}KT, \qquad\qquad KB = \frac{B}{T}KT,$$

l'équation (B) devient, à cause de (A) :

$$\frac{A}{T}\frac{dKT}{dp} - \frac{B}{T}\frac{dKT}{dv} = 1. \tag{C}$$

Deux des équations (A), (B), C) entraînent la troisième. En conséquence, il est nécessaire et suffisant que deux de ces trois conditions
soient remplies. Le choix portera sur celles qui se prêteront aux calculs
les plus simples selon la question qu'on aura en vue.

Ces résultats se présentent sous une forme plus simple lorsqu'on
met n en évidence. En effet, en vertu des équations (4), d'une part,
la condition (A) se trouve naturellement satisfaite; d'autre part, la
condition (C) devient

$$\frac{dn}{dv}\frac{dKT}{dp} - \frac{dn}{dp}\frac{dKT}{dv} = 1. \tag{D}$$

Si l'expression de n était connue, la condition (D) serait donc la
seule à remplir. Autrement dit, l'équation (D) aura pour objet de faire
trouver T quand on connaîtra n, ou, inversement, de donner n quand
T sera connu. Mais cette équation n'est pas généralement résoluble.

II.

102. Appliquons les considérations précédentes au cas de l'air.

Pour l'air, d'après les lois de Mariotte et de Gay-Lussac (36), l'équation d'une courbe de l'espèce φ est

$$\frac{vp}{1 + \alpha t} = c \qquad \text{ou} \qquad \frac{vp}{c\alpha} - \frac{1}{\alpha} = t. \tag{10}$$

On a, par conséquent, d'après les équations (2) :

$$A = \frac{ap}{c\alpha}, \qquad\qquad B = \frac{bv}{c\alpha},$$

$$\delta Q = \frac{ap}{c\alpha}\,dv + \frac{bv}{c\alpha}\,dp.$$

Partons de ce fait d'expérience que a est constant.

La théorie générale nous donne pour l'équation différentielle d'une
courbe de l'espèce φ l'expression

$$\frac{\delta Q}{T} = dn. \tag{11}$$

T désignant un diviseur susceptible de rendre différentielle exacte l'expression de δQ; d'où pour T, la condition algébrique

$$\frac{d}{dp}\left(\frac{ap}{T}\right) = \frac{d}{dv}\left(\frac{bv}{T}\right),\tag{I}$$

c'est la condition (A).

La théorie mécanique intervient et prescrit en outre que

$$d\Omega = K\delta Q - pdv = \left(\frac{Kav}{c\alpha} - p\right)dv + \frac{Kbv}{c\alpha}\,dp,$$

soit une différentielle exacte, d'où la condition (l'une des conditions B ou C) :

$$\frac{d\,(Kbv)}{dv} = Ka - c\alpha;$$

c'est-à-dire, sous forme finie,

$$Kbv = (Ka - c\alpha)\,v + f\,(p),\tag{II}$$

ou

$$K\,(a - b) = c\alpha - \frac{f\,(p)}{v}\,,\tag{II \textit{bis}}$$

$f\,(p)$ désignant une fonction arbitraire de p.

En portant dans [I], la valeur de b tirée de [II], il vient :

$$\frac{d}{dp}\left(\frac{Kap}{T}\right) = \frac{d}{dv}\left[\frac{(Ka - c\alpha)\,v + f\,(p)}{T}\right],$$

condition unique à laquelle il s'agit de satisfaire. Il suffit de prendre pour T une solution particulière de cette dernière équation. Considérons T comme fonction de p seulement; la condition à remplir devient

$$\frac{Ka}{T} - \frac{Kap}{T^2}\frac{dT}{dp} = \frac{Ka - c\alpha}{T},$$

qui se réduit à

$$\frac{dT}{T} = \frac{c\alpha}{Ka}\frac{dp}{p}\,,$$

équation intégrable d'où l'on tire, en omettant le facteur constant,

$$T = p^{\frac{c\alpha}{Ka}}.\tag{12}$$

Si l'on développe maintenant l'équation différentielle (11) ou l'équation équivalente

$$K\,dn = \frac{K\partial Q}{T},$$

elle devient, d'après la valeur de Kbv tirée de [II] et celle de T :

$$K\,dn = \frac{Kap}{c\alpha}\, p^{1-\frac{c\alpha}{Ka}}\, dv + \left(\frac{Ka}{c\alpha}-1\right) vp^{-\frac{c\alpha}{Ka}}\, dp + \frac{1}{c\alpha}\, p^{-\frac{c\alpha}{Ka}}\, f(p)\, dp;$$

et l'intégration donne :

$$Kn = \frac{Ka}{c\alpha}\, vp^{1-\frac{c\alpha}{Ka}} + \frac{1}{c\alpha}\int_{\varrho}^{\bullet} p^{-\frac{c\alpha}{Ka}}\, f(p)\, dp. \qquad (13)$$

Enfin, si l'on substitue dans $d\Omega$ la valeur de b tirée de [II], on trouve

$$d\Omega = \left(\frac{Ka}{c\alpha}-1\right)\left(v\,dp + p\,dv\right) + \frac{f(p)\,dp}{c\alpha};$$

d'où, en intégrant

$$\Omega = \left(\frac{Ka}{c\alpha}-1\right) vp + \frac{1}{c\alpha}\int^{\bullet} f(p)\, dp. \qquad (14)$$

On connaît ainsi T, n, Ω : le cas de l'air est donc entièrement résolu.

103. Ces derniers résultats, où figure une fonction inconnue $f(p)$, méritent qu'on les discute.

Nous ferons d'abord une remarque au sujet de T. On sait (25) que si un diviseur T rend intégrable l'expression de ∂Q, il en sera de même de tout diviseur T_1, qu'on obtiendra en multipliant T par une fonction de n.

Or, l'équation (13), à cause de (12), conduit à

$$KTn = \frac{Ka}{c\alpha}\, vp + \frac{1}{c\alpha}\, p^{\frac{c\alpha}{Ka}}\int^{\bullet} p^{-\frac{c\alpha}{Ka}}\, f(p)\, dp,$$

c'est-à-dire, en tirant vp de (10), à

$$\frac{\mathrm{T}n}{a} = \mathrm{T}_1 = \left(\frac{1}{\alpha} + t\right) + h_2 \tag{15}$$

en posant, pour simplifier :

$$h = \frac{1}{\mathrm{K}ac\alpha}\, p^{\frac{c\alpha}{\mathrm{K}a}} \int p^{-\frac{c\alpha}{\mathrm{K}a}} f(p)\, dp. \tag{16}$$

Examinons, en premier lieu, le cas où $f(p) = 0$. Alors l'équation [II] se réduit à

$$\mathrm{K}\,(a - b) = c\alpha\,;$$

donc, par suite, b est constant. On retombe sur le cas traité dans la première partie du cours (38). En effet, les relations (16) et (15) donnent

$$h = 0, \qquad\qquad \mathrm{T}_1 = \frac{1}{\alpha} + t\,;$$

et l'équation (13) d'une courbe d'espèce ψ devient

$$n = \frac{a}{c\alpha}\, vp^{\frac{b}{a}}$$

qui ne présente, avec le résultat trouvé au n° 39, qu'une variante de forme.

Quant à l'expression de Ω, elle se réduit à

$$\Omega = \frac{b}{a - b}\, vp + \text{constante C.} \tag{17}$$

C'est la valeur du travail emmagasiné dans 1^k d'air pris à l'état (v, p). Pour Π kilogrammes d'air occupant le volume $\Pi v = \mathrm{V}$, sous la pression $p = \mathrm{P}$, le travail emmagasiné est, par suite,

$$\Pi\Omega = \frac{b}{a - b}\, \mathrm{V\,P} + \Pi\mathrm{C}\,; \tag{18}$$

En second lieu, nous remarquerons, d'après (15), que le diviseur T_1 serait également une fonction de t, si $f(p)$, sans être nulle, était choisie de telle sorte que h fût une constante. Pour suivre les conséquences d'un choix semblable, résolvons l'équation (16) par rapport à $f(p)$; on trouve, après l'avoir différentiée :

$$f(p) = -h \frac{c^2\alpha^2}{p}.$$

Cette valeur, portée dans l'expression générale (14) de Ω, conduit à

$$\Omega = \left(\frac{Ka}{c\alpha} - 1\right) vp - hc\alpha \log p + \text{constante}.$$

On reconnaît sous cette forme, que, pour $p = 0$, la quantité Ω deviendrait $\pm \infty$, selon que h serait positif ou négatif, résultat inadmissible. Donc on doit supposer $h = 0$, ce qui ramène au cas précédent.

L'expression de Ω donnée par l'équation (17) est caractéristique. Lorsqu'un fluide auquel cette expression convient se dilate *sous température constante*, il rend exactement, en travail, ce qu'il reçoit sous forme de chaleur ; cela s'interprète en disant qu'alors le travail intramoléculaire est nul. Un tel fluide est appelé *gaz parfait*.

Lorsqu'un gaz rend moins en travail qu'il n'a reçu en chaleur, on se représente la différence comme étant l'expression d'un *travail usé intérieurement* à la production d'un changement d'état moléculaire [1].

Le long d'une courbe de l'espèce ψ, telle que CD (*fig*. 1), on a toujours

$$\Omega_0 = \Omega_1 - \int_0^1 pdv ;$$

d'où, dans le cas de l'air, d'après (17) :

$$\int_0^1 pdv = \Omega_1 - \Omega_0 = \frac{b}{a-b}\left(v_1 p_1 - v_0 p_0\right),$$

ce qui permet de retrouver le diagramme D du numéro 42.

104. Une même série de calculs pourrait se faire avec un autre choix de variables indépendantes, soit v et t, soit p et t (Voir N° 124). On retrouverait, après discussion, les résultats auxquels nous venons d'arriver.

---

[1] Les expériences de MM. Joule et Thompson (1854) ont fait voir que, dans un gaz, le travail interne, toujours assez petit, est d'autant plus grand que le gaz s'écarte plus de la loi de Mariotte.

III.

105. Passons au cas des vapeurs.

L'aire S d'un diagramme tel que $B_0B_1B'_1B'_0$ (*fig.* 17), compris entre deux courbes d'espèce ψ, a été calculée au chapitre VIII de la théorie générale. En effet, de la relation

$$\lambda \Delta v = T \Delta n.$$

démontrée au n° 74, on tire

$$S = \int \Delta v \, dp = \Delta n \int_{t_0}^{t_1} \frac{T}{\lambda} \frac{dp}{dt} \, dt. \qquad (1)$$

Mais, d'un autre côté, nous avons établi l'équation générale

$$S = K\,(q_1 - q_0);$$

et comme le long des droites $B_1B'_1$, $B_0B'_0$, parallèles à l'axe Ov, on a

$$q_1 = \lambda_1 \Delta v_1 = T_1 \Delta n, \qquad q_0 = \lambda_0 \Delta v_0 = T_0 \Delta n,$$

équation précédente revient à

$$S = K\,(T_1 - T_0)\,\Delta n = K\Delta n \int_{t_0}^{t_1} \frac{dT}{dt} \, dt. \qquad (2)$$

La condition d'équivalence entre les expressions (1) et (2) est donc

$$K \frac{dT}{dt} = \frac{T}{\lambda} \frac{dp}{dt}. \qquad (3)$$

On sait déjà (72) que, pour les vapeurs, T est une fonction de t seulement; la remarque du N° 93 permet d'ajouter que cette fonction est essentiellement croissante avec t.

106. Les considérations générales des N°^{s} 99 et 100 s'appliquent aux vapeurs. On doit donc exprimer que la quantité

$$d\Omega = K\partial Q - p\,dv = KT\,dn - p\,dv$$

est une différentielle exacte. Il convient de prendre v et t pour variables indépendantes. Nous ne nous arrêterons pas à développer la condition dont il s'agit. Par cette voie, on obtient de prime abord l'équation (3), puis toute la théorie des vapeurs; cette théorie revient à celle que nous connaissons déjà (Ire partie, chap. VIII), dans laquelle on introduirait l'équation (3).

107. Il nous reste à trouver Ω. On l'obtient rapidement en partant de l'expression connue (n° 72) :

$$\delta Q = T d\left[\frac{\lambda}{T}(v-w)\right] + r dt$$

qui, portée dans $d\Omega$, donne

$$d\Omega = K T d\left[\frac{\lambda}{T}(v-w)\right] + K r dt - p dv.$$

Cette dernière, en vertu de (3), revient à

$$d\Omega = d\left[K\lambda(v-w)\right] - d(vp) + w dp + K r dt.$$

Le second membre est une différentielle exacte. L'intégration donne

$$\Omega = K\lambda(v-w) - vp + \int w dp + \int K r dt,$$

ou, en intégrant le troisième terme par parties, simplifiant et transposant,

$$\Omega = K\left[\int r dt + \lambda(v-w)\right] - \left[\int p dw + p(v-w)\right]. \qquad (4)$$

Ce résultat est directement évident sur la figure 17, d'après la définition de Ω. En effet, le premier terme exprime le travail de la chaleur communiquée au kilogramme de la substance donnée : 1° sous forme de chaleur sensible le long de la ligne w ; 2° sous forme de chaleur latente le long d'une parallèle à l'axe Ov ; le second terme représente le travail produit extérieurement par la dilatation de la substance durant qu'elle reçoit ces sommes de chaleur.

Comparons 1^k d'un liquide à l'état (p, w, t) et 1^k de vapeur saturée à la même température t. De l'un à l'autre de ces deux états, d'après (4), la valeur de Ω s'accroît de

$$\Omega_1 - \Omega_0 = K\lambda(W-w) - p(W-w) = KL - p(W-w). \qquad (5$$

C'est le travail emmagasiné par 1^k d'une substance, dans le passage de l'un des deux états à l'autre ; ou encore, la quantité de travail qui est considérée par les physiciens comme employée à changer la constitution moléculaire de 1^k le liquide devenant vapeur.

CHAPITRE III.

Théorie des liquides supposés incompressibles. — Formule de M. Regnault exprimant le total de la chaleur nécessaire pour porter 1 kilogramme d'eau de 0 à
sa température d'ébullition sous pression constante. — Discussion de l'équation
fondamentale des expériences calorimétriques.

108. A l'occasion du phénomène de la formation des vapeurs dans
le vide (n° 70), nous avons parlé d'une relation telle que

$$\pi = f(t)$$

qui exprime la loi des pressions π de la vapeur saturée aux températures t.
Nous avons appelé θ_0 la valeur de t pour laquelle le liquide présenterait
un commencement de congélation, et $\pi_0 = f(\theta_0)$ la pression de la vapeur
à cette température θ_0.

Rapportons à deux axes rectangulaires (*fig*. 19) le point G dont
l'ordonnée est π_0 et dont l'abcisse est le
volume de 1^k de liquide pris à l'état (π_0,
θ_0). Par ce point G, traçons la ligne GS,
dont les abcisses sont les volumes $v = w$
du kilogramme de liquide, aux états (π, t).

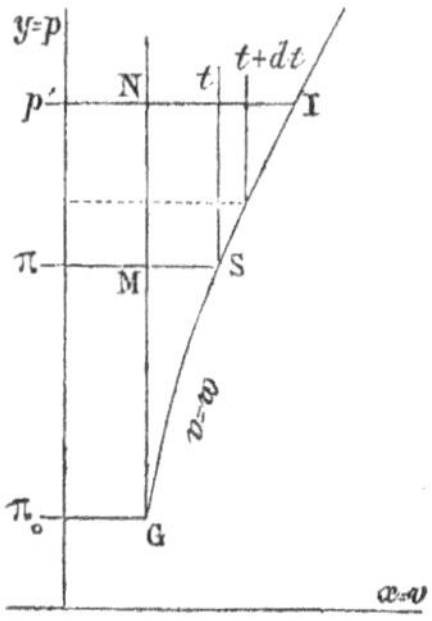

En prenant le kilogramme de liquide à
un état (π, t) spécifié par un certain point S
de la ligne GS, on peut imaginer qu'on
le refroidisse sous la pression constante
$p = \pi$, jusqu'à la température θ, où com-
mencerait la congélation. Marquons sur
la droite $p = \pi$ le point M, dont l'abcisse
est le volume du kilogramme de liquide à

Fig. 19.

'état (π, θ). On voit que par le point G on doit concevoir une ligne GM,
lieu des points M qui viennent d'être définis.

C'est entre les lignes GS, GM, que se trouve renfermée la région des états complétement liquides [1]. Une théorie exacte des liquides demanderait qu'on connût non-seulement la courbe GS, mais encore la ligne GM, ainsi que les valeurs de θ le long de cette ligne. À l'égard de l'eau, nous ferons remarquer que la valeur particulière de θ qui, le long de la ligne GM, correspond à la pression atmosphérique $\pi = 10333^k$, est celle qu'on a prise pour le zéro de l'échelle centigrade, et que la valeur de t, qui correspond à la même pression de 10333^k, le long de la courbe GS, est celle qu'on a adoptée pour 100°.

Il peut se faire que la température de congélation θ varie avec la pression qui agit sur le liquide. M. Regnault a reconnu qu'effectivement il en est ainsi : la température θ_0 au point G serait quelque peu différente du 0 de l'échelle centigrade [2].

Il s'agit maintenant de savoir comment varie le volume v d'un liquide lorsque, maintenu à une température constante t, il est soumis à une pression croissante p.

Dans la deuxième édition du *Traité de mécanique* de Poisson (t. II, p. 719), il est dit qu'à la température de 10^m centigrades, sous des pressions très-grandes, le coefficient de compressibilité de l'eau est sensiblement proportionnel à la pression, et tellement petit que, pour une augmentation de pression de 1 atmosphère, on a :

$$-\frac{dv}{v} = 0,000046.$$

D'après les expériences de M. Regnault [3], le même coefficient peut être fixé à

$$-\frac{dv}{v} = 0,000048.$$

D'un autre côté, il s'agit de savoir ce que devient la température d'un liquide soumis à une pression croissante p, dans une enveloppe imperméable à la chaleur. Suivant la citation de Poisson que nous venons d'indiquer, un accroissement de pression de plusieurs atmosphères ne ferait pas augmenter sensiblement la température. M. Re-

---

[1] Cette région serait limitée dans le haut par une parallèle à l'axe Ov menée par le point de rencontre des lignes $v = w$ et $v = $ W. (Voir la note du N° 75.)

[2] D'après les expériences de M. William Thomson, un accroissement de 8 atmosphères abaisse la température de fusion de la glace de près de 0°06. (*Proceedings of the Royal Society of Edinburg*, 1850.)

[3] *Mémoires de l'Académie des Sciences*, t. XXI, p. 458.

gnault a reconnu qu'une augmentation subite de pression de 1 à 10 atmosphères ne produit pas un échauffement de $1/_{50}$ de degré de l'échelle centigrade [1].

Tels sont les faits d'expérience que nous aurons à invoquer.

109. La quantité de chaleur δQ qu'un liquide doit recevoir pour passer d'un certain état (p, t) à un état infiniment voisin $(p + dp, t + dt)$, est donnée (31) par l'expression complète

$$\delta Q = \mu dp + adt,$$

dans laquelle μ désigne la chaleur *latente* nécessaire pour augmenter la pression de 1 lorsque $dt = 0$. Au premier degré d'approximation, sinon exactement, les expériences nous autorisent à ne pas tenir compte de cette chaleur latente. Par suite, l'expression de δQ se réduit à

$$\delta Q = adt. \tag{1}$$

Cela revient à dire que, pour les liquides, les courbes de l'espèce ψ, données par la condition $\delta Q = 0$, coïncident avec les courbes de l'espèce φ, pour lesquelles $t =$ constante.

Si, de plus, on néglige le coefficient de compressibilité, l'expression de v, qui généralement est une fonction de p et t, se réduit à

$$v = w = f(t) \tag{2}$$

sous la condition qu'on aura :

$$p > \pi, \qquad \text{c'est-à-dire} \qquad p > f(t).$$

En vertu de (1) et (2), toute parallèle à l'axe Oy est à la fois une ligne de l'espèce φ et une ligne de l'espèce ψ.

Enfin, si, négligeant la variabilité de θ le long de la ligne GM, on pose

$$\theta = \text{constante} = \text{zéro centigrade}, \tag{3}$$

la ligne GM devient aussi une droite parallèle à l'axe Oy.

110. Acceptons les relations (1), (2) et (3) comme représentant les propriétés des liquides.

---

[1] *Mémoires de l'Académie des Sciences*, t. XXI, p. 464.

Considérons l'aire comprise entre deux parallèles à l'axe Oy à des distances w et $w + dw$ de l'origine. Elle a pour expression

$$(p - \pi)\, dw = (p - \pi)\frac{dw}{dt}\, dt.$$

En vertu du principe de la théorie mécanique de la chaleur, il faut que cette même étendue soit égale à

$$\mathrm{K}a\, dt - \mathrm{K}r\, dt.$$

Il faut par conséquent qu'on ait

$$(p - \pi)\frac{dw}{dt} = \mathrm{K}a - \mathrm{K}r. \tag{4}$$

Cette relation conduit à

$$\mathrm{K}\delta\mathrm{Q} = \mathrm{K}a\, dt = \left[\mathrm{K}r + (p - \pi)\frac{dw}{dt}\right]dt.$$

L'équation générale des courbes d'espèce ψ,

$$dn = \frac{\delta\mathrm{Q}}{\mathrm{T}},$$

subsistera toujours; mais, d'après ce qu'on vient de dire relativement à la nature de ces courbes, on voit que, pour les liquides supposés incompressibles, on devra, poser :

$$\mathrm{K}\mathrm{T} = \left[\mathrm{K}r + (p - \pi)\frac{dw}{dt}\right]f(t). \tag{5}$$

111. M. Regnault a donné

$$\mathrm{Q} = t + 0{,}00002t^2 + 0{,}0000003t^3 \tag{6}$$

pour l'expression de la quantité totale de chaleur Q, qui élève de 0 à t la température de 1^k d'eau, sous une pression constante $p = \pi = f(t)$. On en tire

$$\frac{d\mathrm{Q}}{dt} = 1 + 0{,}4\,\frac{t}{100} + 0{,}9\left(\frac{t}{1000}\right)^2 \tag{7}$$

Appelons s l'aire triangulaire GMS comprise entre les lignes GM, GS et la droite $p = \pi$. A l'entour de cette aire, de G en M; la quantité de

chaleur est supposée nulle, de M en S elle est égale à Q, et d'après
le principe de la théorie mécanique de la chaleur, il faut qu'on ait

$$s = 0 + KQ - K \int_0^t r\,dt. \qquad (8)$$

En remplaçant t par $t + dt$, cette équation devient :

$$s + ds = K (Q + dQ) - K \int_0^{t+dt} r\,dt,$$

d'où, par suite,

$$ds = KdQ - Krdt = \left(K \frac{dQ}{dt} - Kr \right) dt.$$

D'un autre côté, en appelant j l'abcisse du point M, la figure fait
voir que

$$ds = (w - j) \frac{d\pi}{dt}\,dt.$$

En égalant ces deux expressions de ds, il vient

$$K \frac{dQ}{dt} - Kr = (w - j) \frac{d\pi}{dt}. \qquad (9)$$

Tirant de là Kr pour porter sa valeur dans (4), on trouve :

$$Ka = (p - \pi) \frac{dw}{dt} + K \frac{dQ}{dt} - (w - j) \frac{d\pi}{dt}; \qquad (10)$$

c'est-à-dire l'expression de a en fonction de p et t comme variables
indépendantes.

Cette dernière équation peut s'écrire

$$Ka = p \frac{dw}{dt} + K \frac{dQ}{dt} + j \frac{d\pi}{dt} - \frac{d}{dt} (\pi w); \qquad (10\ bis$$

et sous cette forme elle est facile à vérifier. Menons une parallèle à
l'axe Ox correspondant à une valeur quelconque p' de p ; les limites de
la température le long de cette droite sont $t = 0 = 0$, au point N où
elle coupe la ligne GM, et $t = t'$, au point I où elle rencontre la courbe
GS. En multipliant (10 bis) par dt et intégrant de $t = 0$ à $t = t'$, on
doit trouver le même résultat que si dans l'expression (6) de Q on rem-
plaçait t par t'.

Voyons s'il en est ainsi. L'intégration de (10 *bis*), p étant constant égal à p', donne

$$\int \mathrm{K}a dt = p'w + \mathrm{K}Q + j\pi - \pi w ;$$

à la limite supérieure $t = t'$, on a :

$$w = w', \qquad Q = Q' \qquad p = \pi = \pi' ;$$

à la limite inférieure $t = 0$:

$$w = j, \qquad\qquad Q = 0 ;$$

et l'on trouve :

$$\int_0^{t'} \mathrm{K}a dt = \mathrm{K}Q',$$

concordance parfaite entre la signification de l'équation (6) et la théorie des liquides que nous venons d'exposer.

112. Nous remarquerons que si l'on supprimait tous les termes qui ont pour facteurs w, j et $\dfrac{dw}{dt}$, les équations (9) et (10) se réduiraient à la relation unique

$$a = \frac{dQ}{dt} = r. \tag{11}$$

ce qui reviendrait, d'après (8), à négliger l'aire s comprise entre les lignes GM et GS.

L'interprétation que M. Regnault a donnée à la formule (6), d'après le tableau qui accompagne son mémoire [1], autorise ces réductions et, par conséquent, leurs conséquences ; elles conviennent sans doute à un premier degré d'approximation, et nous les introduirons, à ce titre, dans la théorie des machines à vapeur [2].

II.

113. Une question fondamentale se présente ici. Quelle est la signification effective des nombres par lesquels les physiciens repré-

---

[1] *Mémoires de l'Académie des Sciences*, t. XXI, p. 748.
[2] Voir, au sujet de la théorie des liquides, la note p. 177.

sentent des quantités de chaleur? Cette signification permet-elle de faire figurer exactement de tels nombres à la place des δQ de nos équations?

Dans un vase renfermant un poids Π_1 d'eau, à la température t_1, on immerge un corps de poids Π_2 dont la température est $t_2 > t_1$. On attend que l'équilibre thermométrique soit établi entre l'eau et le corps plongé. Il est sous-entendu qu'il n'y a aucune perte de chaleur par voie de refroidissement extérieur. Si t désigne la température finale, c_1, c_2 *les chaleurs spécifiques* par unité de poids des deux espèces de matières, on pose

$$\Pi_1 c_1 \left(t - t_1 \right) = \Pi_2 c_2 \left(t_2 - t \right),$$

de là :

$$\frac{c_2}{c_1} = \frac{\Pi_1 \left(t - t_1 \right)}{\Pi_2 \left(t_2 - t \right)}. \tag{1}$$

Ce sont ces rapports $\dfrac{c_2}{c_1}$ qu'on appelle des sommes de chaleur.

Il s'agit de savoir si l'équation (1) est conforme ou non à la théorie mécanique de la chaleur lorsque, au point de vue de cette théorie, c_1, c_2 désignent les quantités de chaleur effectivement transmises et gagnées par unité de poids des matières mises en présence.

Désignons par

v_1, v_2, les volumes par unité de poids des deux matières aux températures t_1, t_2;

V_1, V_2, les volumes à la température t;

ω_1, ω_2, les quantités de travail emmagasinées aux température t_1, t_2;

Ω_1, Ω_2, les quantités de travail emmagasinées à la température t;

$p = 10333^k$, la pression atmosphérique par mètre carré.

A l'état initial, le poids Π_2 n'étant point encore immergé, le volume du poids total $\Pi_1 + \Pi_2$ est $v_1 + v_2$ et le travail emmagasiné a pour expression

$$\Pi_1 \omega_1 + \Pi_2 \omega_2. \tag{2}$$

A l'état final, le volume total est $V_1 + V_2$ et le travail emmagasiné devient

$$\Pi_1 \Omega_1 + \Pi_2 \Omega_2. \tag{3}$$

Supposons, pour fixer les idées, qu'on ait

$$V_1 + V_2 > v_1 + v_2;$$

alors il y a soulèvement du poids de l'atmosphère à la surface du bain d'eau, c'est-à-dire production d'un travail qui est égal à

$$p\left[(V_1 + V_2) - (v_1 + v_2)\right]. \tag{4}$$

L'expression (3) doit être la différence entre les expressions (2) et (4); d'où l'égalité [1]

$$(\Pi_1\Omega_1 + \Pi_2\Omega_2) = (\Pi_1\omega_1 + \Pi_2\omega_2) - p\left[(V_1 + V_2) - (v_1 + v_2)\right]. \tag{5}$$

Cela posé, la théorie mécanique de la chaleur donne séparément :

$$\Pi_1\Omega_1 = \Pi_1\omega_1 + \Pi_1 K c_1 (t - t_1) - p(V_1 - v_1),$$
$$\Pi_2\Omega_2 = \Pi_2\omega_2 - \Pi_2 K c_2 (t_2 - t) + p(V_2 - v_2).$$

Ces relations doivent être d'accord avec l'égalité (5). En retranchant leur somme de cette dernière, il vient :

$$0 = K\Pi_1 c_1 (t - t_1) - K\Pi_2 c_2 (t_2 - t);$$

et après avoir divisé par K, on retrouve précisément l'équation (1). Donc l'équation (1) est parfaitement exacte; la théorie mécanique de la chaleur n'y apporte aucune correction.

---

[1] On remarquera que le seul fait de l'immersion du poids Π_1 ne change rien à l'expression (2) : d'une part, l'atmosphère est soulevée, puisque le niveau du liquide s'élève; d'autre part, elle vient remplir l'espace qu'occupait le corps avant son immersion; d'où, deux travaux égaux à pV_1 qui se compensent. — Il est sous-entendu que les vitesses des poids Π_1 et Π_2 ne sont pas à prendre en considération.

CHAPITRE IV.

Infériorité caractéristique de toute machine à air ou à vapeur relativement au type rationnel d'une machine théoriquement parfaite. — De l'emploi de la vapeur surchauffée.

I.

114. La machine théoriquement parfaite dont il a été question dans l'Introduction est un type conçu au point de vue de la meilleure utilisation de la chaleur. Le diagramme qui s'y rapporte a pour objet de rendre manifestes certaines lois de physique rationnelle; mais c'est purement l'image d'une construction de l'esprit dont s'éloigne le véritable mode de fonctionnement d'une machine motrice.

La distinction deviendra complète si l'on se reporte au premier chapitre du cours.

Menons, en effet, par les points B_0, B'_1 (*fig.* 16), des parallèles à l'axe Ov; la figure quadrilatérale $B_0 C B'_1 D$ qu'elles déterminent avec les courbes $B_0 B_1$, $B'_0 B'_1$, d'espèce ψ, est le diagramme d'une machine motrice dans laquelle le cylindre travailleur reçoit le kilogramme de fluide chauffé à t_1, à l'état B'_1, tandis que le cylindre alimentaire prend ce fluide à l'état B_0 et à la température t_0. Voilà le diagramme vraiment réalisable. Comparé au diagramme de la machine théoriquement parfaite, il en diffère par les deux triangles $CB_1 B'_1$, $B_0 DB'_0$, dont la somme représente une perte pratiquement inévitable.

L'utilisation n'est également que celle qui a été établie au chapitre premier, calculée ensuite pour la machine à air, et discutée, au n° 69, à propos d'une combinaison qui permettrait de réaliser un diagramme de l'espèce qui se rapporte à une machine théoriquement parfaite.

II.

115. Le mode de fonctionnement des machines à vapeur n'est pas non plus celui de la machine théoriquement parfaite. La discussion suivante va faire comprendre la distinction et la motiver.

Le diagramme d'une machine à vapeur théoriquement parfaite, étudié au n° 86, est tel que $v_0 w_1 V_1 V_0$ (*fig.* 15, p. 85), limité par deux courbes d'espèce ψ. Suivons, pour un instant, les faits que retrace un pareil diagramme : le kilogramme de vapeur ou de vapeur mêlée d'eau, introduit dans le cylindre travailleur à l'état V_1, puis dilaté de V_1 en V_0, est évacué dans une capacité où règne la température t_0 ; de là, le cylindre alimentaire le reprend sous le volume v_0 pour le refouler dans la chaudière, où il arrive complétement liquéfié à l'état w_1.

Dans ces conditions, la quantité de chaleur dépensée par la chaudière et celle que le réfrigérant absorbe sont :

$$q_1 = \lambda_1 (V_1 - w_1), \qquad q_0 = \lambda_0 (V_0 - v_0).$$

Le diagramme utile est l'aire S comprise entre les deux courbes $w_1 v_0$, $V_1 V_0$ calculée au n° 76. Par suite, l'utilisation est

$$U = \frac{S}{\lambda_1 (W_1 - w_1)} = \frac{1}{T_1} \int_{t_0}^{t_1} \frac{T}{\lambda} \frac{dp}{dt} \, dt, \tag{1}$$

valeur indépendante de la différence $V_1 - w_1$.

Ainsi, dans les conditions supposées : 1° la chaudière n'aurait à fournir que de la chaleur latente ; 2° l'utilisation ne dépendrait que des pressions p_0, p_1, et non de l'étendue du diagramme utile.

D'un autre côté, d'après ce qu'on sait de T (72), la théorie mécanique de la chaleur donne pour l'utilisation

$$U = \frac{S}{q_1} = K \left(1 - \frac{q_0}{q_1} \right) = K \left(1 - \frac{T_0}{T_1} \right); \tag{2}$$

Les expressions (1) et (2) sont nécessairement équivalentes en vertu de la condition (3) du n° 105.

116. Ce mode de fonctionnement n'est pas celui qui a été adopté par les constructeurs. La forme des courbes ψ est telle que ces courbes s'éloignent rapidement de l'axe Op. Or, sur la figure, Ob, OB, représentent les volumes des cylindres : les conséquences des conditions précédentes seraient donc qu'on aurait des cylindres très-volumineux.

Au lieu de procéder comme on vient de le supposer, les constructeurs produisent une condensation complète dans le réservoir froid qui prend le nom de *condenseur*. La pompe alimentaire prend ainsi le kilogramme d'eau à l'état (w_0, p_0, t_0) et son volume est réduit dans le rapport de Ob à Oe ; les diagrammes et l'utilisation deviennent ce qu'on a vu au n° 79 :

D'une part, le diagramme utile, comparé à celui du N° 115, s'est accru de

$$\sigma + \text{aire } w_0 F w_1,$$

valeur constante, quelle que soit la dilatation $V_1 - w_1$;

D'autre part, la chaudière doit fournir de la chaleur sensible et de la chaleur latente ; et l'utilisation, égale à

$$U = \frac{S + \sigma + \text{aire } w_0 F w_1}{\lambda_1 (V_1 - w_1) + \int_{t_0}^{t_1} a_1 dt},$$

se trouve comprise entre

$$\frac{S}{\lambda_1 (V_1 - w_1)} \qquad \text{et} \qquad \frac{\sigma + \text{aire } w_0 F w_1}{\int_{t_0}^{t_1} a_1 dt}.$$

Pour discuter la valeur de l'utilisation, nous remarquerons, conformément à ce qui a été dit dans la théorie des liquides (N° 112), qu'on peut négliger l'aire $w_0 F w_1$ ainsi que la différence entre les sommes de chaleur

$$\int_{t_0}^{t_1} a_1 dt \qquad \text{et} \qquad \int_{t_0}^{t_1} r dt ;$$

par suite, nous pouvons considérer U comme étant compris entre

$$\frac{S}{\lambda_1 (V_1 - w_1)} = \frac{1}{T} \int_{t_0}^{t_1} \frac{T}{\lambda} \frac{dp}{dt} dt. \qquad \text{et} \qquad \frac{\sigma}{\int_{t_0}^{t_1} r dt}$$

Cela posé, découpons dans le triangle σ une aire comprise entre deux courbes ψ menées, l'une par le point (w', p'), l'autre par un point infiniment voisin. Cet élément de diagramme a pour expression (N° 76, équ. 19) :

$$\epsilon = \int_{t_0}^{t'} \frac{T}{\lambda} \frac{dp}{dt} dt ;$$

et le rapport

$$\frac{d\sigma}{r'dt'} = \frac{1}{T'} \int_{t_0}^{t'} \frac{T}{\lambda} \frac{dp}{dt} \, dt = K \left(1 - \frac{T_0}{T'} \right)$$

est, par définition, son utilisation. Or, on a reconnu que T augmente avec la température. L'expression précédente croît donc avec t' : nulle pour $t' = t_0$, elle atteint, pour $t' = t_1$, sa plus grande valeur, laquelle se trouve égale à

$$\frac{1}{T_1} \int_{t_0}^{t_1} \frac{T}{\lambda} \frac{dp}{dt} \, dt = K \left(1 - \frac{T_0}{T_1} \right) - \frac{S_1}{\lambda_1 (V_1 - w_1)}.$$

On voit, d'après cela, que la dépense de chaleur sensible est défectueuse pour l'utilisation. Cette dernière sera d'autant meilleure et d'autant plus voisine de celle du N° 115, que S sera plus grand par rapport à σ, ou qu'on augmentera la dépense en chaleur latente relativement à celle de chaleur sensible.

La nécessité de ne pas donner au cylindre travailleur des dimensions trop encombrantes a conduit à faire une détente incomplète, ainsi qu'il a été dit précédemment (80).

117. Il nous reste à étudier les machines à vapeur surchauffées.

Soit (*fig.* 17) p la pression dans la chaudière. Le kilogramme de vapeur saturée à cette pression occupe un volume $W = \overline{pA}$; mais il arrivera au cylindre sous un volume $\overline{pH} > \overline{pA}$, si la vapeur est surchauffée dans le tuyau de conduite et portée à une certaine température $t_1 > t$. Par le point H, menons la courbe HI d'espèce ψ, relative à la détente de ce kilogramme de vapeur surchauffée ; soit I son point de rencontre avec la droite $p = p_0$. Dans le cas d'une détente complète entre les pressions p, p_0, le diagramme réalisé est limité par HI ; dans le cas d'une détente incomplète, la courbe HI serait coupée par une parallèle à l'axe Op.

Superposons maintenant au diagramme qui vient d'être tracé celui d'une machine théoriquement parfaite. Menons : par le point H, la courbe HW$_1$, d'espèce φ, qui rencontre en W$_1$ la courbe des W ; par W$_1$, la droite $p = p_1$, qui coupe en w_1 la courbe w ; par w_1, la courbe w_1v_0 d'espèce ψ ; soit enfin L le point de HI correspondant à la température t_0 ; une courbe d'espèce φ, menée par L, passera par le point W$_0$.

Le diagramme d'une machine théoriquement parfaite fonctionnant entre les températures t_1, t_0 serait donc l'aire

$$v_0 w_1 \mathrm{W_1 HLW_0} v_0.$$

Dans ce diagramme, toutes les bandes comprises entre deux courbes d'espèce ψ qu'il plairait de découper auraient une même utilisation

$$\mathrm{U} = \mathrm{K} \left(1 - \frac{\mathrm{T_0}}{\mathrm{T_1}} \right).$$

Mais, pour réaliser un tel diagramme, il faudrait que la chaudière fournît de la vapeur à la pression p_1 et que la surchauffe de $\mathrm{W_1}$ en H se fît dans le cylindre. Au lieu de cela, le surchauffage se fait hors du cylindre, à une pression $p < p_1$, et seulement de A en H ; d'un autre côté, le triangle $\mathrm{W_0 LI}$ doit être laissé de côté, comme on vient de le voir en discutant le cas des gaz. Enfin il y a condensation complète de la vapeur dans le condenseur ; le diagramme réalisé est donc $w_0 \mathrm{FHI}$, ou simplement

$$w_0 w \mathrm{HI},$$

en négligeant la petite aire triangulaire comprise entre la droite $w_0 \mathrm{F}$ et la courbe des w, ainsi que la théorie des liquides nous autorise à le faire (112).

Pour discuter l'utilisation de ce dernier diagramme, concevons qu'on le découpe en une série de bandes comprises entre deux courbes d'espèce ψ, et calculons l'utilisation particulière de chacune d'elles. On reconnaît ainsi que

1° De w_0 en w, l'utilisation croît de 0 à $\mathrm{K} \left(1 - \frac{\mathrm{T_0}}{\mathrm{T}} \right)$;

2° De w en A, l'utilisation est constante et égale à $\mathrm{K} \left(1 - \frac{\mathrm{T_0}}{\mathrm{T}} \right)$,

comme pour une machine à vapeur non surchauffée fonctionnant entre les pressions p et p_0 ;

3° De A en H, on est dans la région des gaz. Si les coefficients a et b étaient constants, comme pour l'air, l'utilisation de toutes les bandes détachées dans le diagramme $\mathrm{AHIW_0}$ serait constante et dépendrait seulement des pressions p, p_0, comme de w en A. S'il n'en est pas rigoureusement ainsi, la différence est vraisemblablement négligeable.

Quel avantage peut donc offrir l'emploi de la vapeur surchauffée ?

Au point de vue de l'utilisation, la discussion qui précède le présente comme fort insignifiant, sinon problématique.

Au point de vue pratique, la question est complexe. Les parois du cylindre ne sont pas imperméables à la chaleur; le seraient-ils, que la vapeur saturée se précipiterait partiellement par la détente. On remédie au refroidissement du cylindre à l'aide de revêtements mauvais conducteurs. Watt, par l'emploi d'une chemise de vapeur, voulait que les parois du cylindre eussent la température de la vapeur affluente. Ces moyens, excellents quant au but, ne peuvent prévenir totalement la condensation qui accompagne la détente de la vapeur, et ils se montrent, à cet égard, d'autant plus impuissants que la détente est plus grande.

L'emploi de la vapeur surchauffée vient suppléer à cette insufisance. On peut se proposer de surchauffer à ce point, qu'à la fin de la détente la vapeur atteigne tout au plus son point de saturation. Surchauffer au delà, serait se créer des difficultés pratiques sans que la figure fasse entrevoir aucun avantage.

CHAPITRE V.

Extension du principe de l'équivalence de la chaleur et du travail au cas général où les vitesses des particules d'un fluide ne sont pas négligeables. — Compléments de la théorie des machines motrices.

118. Jusqu'ici, dans la théorie des machines motrices, le mouvement des pistons a été supposé infiniment lent, de manière que les vitesses des particules des fluides fussent négligeables. En traitant le cas des machines à vapeur à détente incomplète (n° 80), nous sous-entendions qu'à l'instant où cesse la détente, le piston s'arrêtait; qu'un réfrigérant était introduit dans le cylindre à l'effet de refroidir le fluide, sous volume constant, jusqu'à ce que sa pression devînt égale à celle du condenseur; après quoi la communication au condenseur étant ouverte, le piston exécutait sa marche rétrograde. Jusqu'ici, en un mot, il n'a été question que de diagrammes représentant des opérations purement statiques.

La considération de la force vive, qu'en fait le fluide peut acquérir dans telle ou telle phase de son évolution, donne lieu à quelques compléments essentiels.

119. Reprenons d'abord le cas d'une machine à vapeur à détente incomplète. Le diagramme utile Δ d'une machine de cette espèce est l'aire $w_0 F V_1 V' C$ (*fig.* 15, p. 85). On connaît (n° 80) l'expression de la dépense de chaleur q_1. La somme de chaleur cédée par la vapeur comprend: 1° la chaleur absorbée par le réfrigérant dont il vient d'être parlé, pendant que la vapeur se refroidit de V' en C; cette quantité de chaleur ne dépend que de la chaleur spécifique b sous volume constant; 2° la chaleur latente que reçoit le condenseur, tandis que, sous la pression p_0, le kilogramme de fluide de volume V' redevient liquide à l'état w_0. En désignant cette somme par q, on a :

$$q = \int_{t_0}^{t'} b\,dt + \lambda_0\,(V' - w_0).$$

Le principe de la théorie mécanique de la chaleur donne la relation

$$\frac{\Delta}{K} = q_1 - q. \qquad (1$$

Si la détente était complète de V_1 en V_0, entre les pressions p_1, p_0, l'aire Δ s'accroîtrait du triangle $V'V_0C$; la valeur de q_1 ne changerait pas ; mais la quantité de chaleur cédée par la vapeur, et cette fois entièrement absorbée par le condenseur, deviendrait $\lambda_0\,(V_0 - w_0)$. On aurait, par suite, au lieu de (1),

$$\frac{\Delta + \text{aire}\,V'V_0C}{K} = q_1 - \lambda_0\,(V_0 - w_0). \qquad (2)$$

En retranchant les égalités (2) et (1), il vient

$$\frac{\text{aire}\,V'V_0C}{K} = \int_{t_0}^{t'} b\,dt - \lambda_0\,(V_0 - V'), \qquad (3)$$

ce qui d'ailleurs est directement évident d'après le principe de la théorie mécanique de la chaleur.

Mais, dans les machines à détente incomplète, la vapeur qui, arrivée à l'état V', s'échappe au condenseur, se trouve acquérir une certaine somme de force vive. D'après la théorie de l'écoulement des fluides (8 et 77), on sait que cette somme de force vive est égale à l'aire du triangle $V'V_0C$. Le condenseur reçoit ainsi de la force vive et de la chaleur. Les choses se passent donc, dans le condenseur, comme si la vapeur était constituée à la température t_0 et qu'elle possédât en outre cette force vive, qu'elle y doit perdre avec sa chaleur. Or, d'après le principe de la théorie mécanique de la chaleur, pris avec toute l'extension que lui donne Mayer, la force vive détruite devient de la chaleur. Le condenseur doit donc absorber une somme de chaleur égale à

$$\lambda_0\,(V_0 - w_0) + \frac{\text{aire}\,V'V_0C}{K},$$

quantité qui, en vertu de (3), revient à :

$$\int_{t_0}^{t'} bdt + \lambda_0 (V' - w_0).$$

C'est précisément l'expression écrite précédemment pour q.

120. Comme exemple de l'application du principe de la théorie mécanique de la chaleur pris avec la même extension, nous nous prooserons de traiter la question suivante :

Deux capacités distinctes V_1, V_0 *imperméables à la chaleur, conennent un même gaz aux pressions* P_1, P_0, *aux températures* t_1, t_0. *Quelle sera la température* t *du mélange si l'on vient à ouvrir entre ces vases un robinet de communication?*

Appelons π_1, π_0, les poids des masses gazeuses contenues initialement dans les vases. Les quantités de travail emmagasinées sont respectivement $\pi_1 \Omega_1$, $\pi_0 \Omega_0$; si on les exprime d'après l'équation 18 du n° 103, on trouve pour leur somme

$$\pi_1 \Omega_1 + \pi_0 \Omega_0 = \frac{b}{a-b} (V_1 P_1 + V_0 P_0) + (\pi_1 + \pi_0)\, C. \qquad (1)$$

A l'état final, toute force vive étant éteinte, Ω désignant le travail alors emmagasiné par kilogramme, P et t désignant la pression et la empérature du mélange, on a

$$\pi_1 + \pi_0)\, \Omega = \frac{b}{a-b} (V_1 + V_0)\, P + (\pi_1 + \pi_0)\, C. \qquad (2)$$

Or, dans l'expression dont il s'agit, les fluides n'ont reçu ni perdu de la chaleur ; ils n'ont pas développé de travail. La somme de travail emmagasiné n'a donc pas dû changer; ce qui oblige d'écrire :

$$(\pi_1 + \pi_0)\, \Omega = \pi_1 \Omega_1 + \pi_0 \Omega_0 ;$$

et par conséquent, d'après (1) et (2),

$$(V_1 + V_0)\, P = V_1 P_1 + V_0 P_0, \qquad (3)$$

équation qui fait connaître la pression finale P. Il reste à trouver la t empérature correspondante.

Le poids total des masses gazeuses demeurant constant, la loi de Mariotte conduit à l'égalité.

$$\frac{(V_1 + V_0)\,P}{1 + \alpha t} = \frac{V_1 P_1}{1 + \alpha t_1} + \frac{V_0 P_0}{1 + \alpha t_0}. \qquad (4)$$

qui, au moyen de (3), revient à

$$\frac{V_1 P_1 + V_0 P_0}{1 + \alpha t} = \frac{V_1 P_1}{1 + \alpha t_1} + \frac{V_0 P_0}{1 + \alpha t_0},$$

d'où l'on peut tirer l'inconnue t.

Si l'on suppose $t_1 = t_0$, on doit donc avoir $t = t_1 = t_0$. Or, c'est effectivement le résultat qui a été annoncé par Joule, puis vérifié par M. Regnault à l'aide d'observations calorimétriques d'une remarquable délicatesse.

Cette dernière expérience apporte une nouvelle vérification très-marquante du principe de l'équivalence de la chaleur et du travail.

SECONDE SECTION.

Établissement du principe de M. Clausius. — Développement spécial des équations de la théorie mécanique de la chaleur à ce nouveau point de vue.

— ———

CHAPITRE PREMIER.

Établissement du principe de M. Clausius. — Particularités qu'il introduit dans les équations de la théorie mécanique de la chaleur. — Cas de l'air ; cas des vapeurs.

1.

121. Si l'on se reporte au diagramme $B_0 B_1 B'_1 B'_0$ (*fig.* 16) d'une machine théoriquement parfaite et aux expressions correspondantes :

1° De l'aire $\qquad S = K (q_1 - q_0) ;$ $\qquad\qquad$ (1)

2° De l'utilisation $\qquad U = \dfrac{S}{q_1} = K \left(1 - \dfrac{q_0}{q_1}\right),$ $\qquad\qquad$ (2)

diverses questions s'offrent à l'esprit. On peut se proposer de rechercher, pour un fluide donné, dans quelle région des courbes $B_1 B'_1$, $B_0 B'_0$ l'utilisation des bandes détachées par deux courbes d'espèce ψ infiniment voisines est la plus grande. On peut se demander aussi quel est, parmi tous les fluides de la nature, celui qui, employé entre deux températures données, t_0, t_1, permettrait de réaliser la meilleure utilisation. A cet égard, les expériences font entièrement défaut. Un principe érigé par M. Clausius [1], et qui est dit le *second principe de la théorie mécanique de la chaleur*, résoud ces questions et dispense à leur sujet de toute recherche expérimentale.

Voici l'une des manières d'établir ce principe :

Concevons deux sources de chaleur A_0, A_1 aux températures t_0, t_1, cette dernière t_1 étant supposée plus grande que t_0. Un premier fluide employé entre ces températures fournira une somme de travail S moyennant que les quantités de chaleur q_1, q_0 soient, l'une sortie de A_1, l'autre reçue par A_0. Soit S′ le travail qu'on obtiendrait d'un second fluide à l'aide des mêmes sources et des quantités de chaleur q'_1, q'_0. Conformément au principe de l'équivalence de la chaleur et du travail :

$$S = K\,(q_1 - q_0), \qquad\qquad S' = K\,(q'_1 - q'_0);$$

Si l'on suppose $S' = S$, on doit avoir :

$$q_1 - q_0 = q'_1 - q'_0; \quad \text{d'où} \quad q_1 - q'_1 = q_0 - q'_0 = c.$$

D'après cela, en renversant les opérations pour le second fluide, la somme de travail finalement réalisé, $S - S'$, devenant nulle, on voit qu'une même quantité de chaleur c sortirait de A_1 et serait reçue par A_0. Ainsi, pas de perte de chaleur, mais transport de chaleur de la source chaude à la source froide; résultats où rien ne choque : la mise en présence libre des sources A_1, A_0, produirait le même effet.

Inversement, employons le second fluide de manière à obtenir le travail S′ et renversons les opérations pour le premier. Les résultats seront les mêmes au sens près : travail finalement réalisé, $S'-S$, nul ; perte de chaleur, nulle ; mais cette fois une quantité c de chaleur sortie de la source froide A_0 passera dans la source chaude A_1. Ceci, dit M. Clausius, n'est pas acceptable ; la chaleur a la propriété de se porter librement d'un corps chaud à un corps froid, et non celle de passer d'un corps froid dans un corps chaud; donc il serait absurde d'accepter que, sans dépense de travail, et après que chacun des fluides a été ramené à son état initial, les opérations supposées en

----

[1] *Mémoire sur la force motrice de la chaleur*, communiqué à l'Académie de Berlin en février 1850; — *Annales de Poggendorff*, 1850 et 1854.

dernier lieu pussent amener, comme résultat, un transport de chaleur d'un corps froid dans un corps chaud.

Pour que l'absurdité disparaisse, il faut qu'on ait $c = 0$. Ainsi, l'égalité $S = S'$ n'est possible qu'à la condition d'avoir à la fois :

$$q_1 = q'_1 \qquad \text{et} \qquad q_0 = q'_0 ;$$

par suite, si l'on veut que $S = mS'$, il faudra que

$$q_1 = mq'_1, \qquad q_0 = mq'_0.$$

Donc, en général, quel que soit le fluide employé entre les mêmes températures t_0, t_1, et quelle que soit l'étendue des courbes $B_1 B'_1$, $B_0 B'_0$, le rapport de q_1 à q_0 est le même.

S'il en est ainsi, il s'ensuit, comme on l'a vu au n° 92 *bis*, que dans l'expression connue

$$\delta Q = T\,dn,$$

T est une fonction de t seulement, et une même fonction pour tous les fluides, soit gaz, soit vapeurs.

C'est en cela que consiste le principe de M. Clausius.

122. En appelant T_1, T_0 les valeurs de T spéciales aux températures t_1, t_0, on aura donc, quelle que soit l'étendue des courbes $B_1 B'_1$, $B_0 B'_0$:

$$\frac{q_1}{q_0} = \frac{T_1}{T_0},$$

relation qui, introduite dans (2), conduit à :

$$U = K \frac{T_1 - T_0}{T_1} ;$$

c'est l'expression déjà trouvée, sans rien préjuger sur la fonction T, pour l'utilisation d'une bande détachée d'un diagramme par deux courbes d'espèce ψ infiniment voisines.

La dernière équation nous ramène à cette conclusion de la théorie de Carnot : *Entre des températures données t_0, t_1, l'utilisation d'une machine théoriquement parfaite est la même pour toutes les espèces de fluide.*

Réciproquement, l'équation (2) montre que l'utilisation ne pourra être la même pour tous les fluides qu'autant que, pour tous, le rapport de q_0 à q_1 aura la même valeur; or, il n'en sera ainsi qu'à la condition que T soit une fonction de t seulement et la même fonction pour tous les fluides.

D'après cette remarque, le meilleur énoncé du principe de M. Clausius nous semble être celui-ci :

Pour une machine théoriquement parfaite, comme aussi pour chacune des bandes détachées d'un diagramme par deux courbes de l'espèce ψ, infiniment voisines, entre des températures données quelconques t_0, t_1, l'utilisation est la même pour toutes les espèces de fluides [1].

123. D'après une remarque faite plus haut (N° 93), on sait que T doit être une fonction croissante de la température. La valeur de l'utilisation

$$U = K\left(\frac{T_1 - T_0}{T_1}\right) = K\left(1 - \frac{T_0}{T_1}\right)$$

est donc d'autant plus grande que les températures extrèmes t_0, t_1 présentent entre elles une différence plus considérable.

Toutefois, et *pour ne pas s'exposer à des mécomptes*, il importe de ne pas oublier que cette valeur de l'utilisation, et la conclusion qu'on vient d'en tirer, ne s'appliquent qu'à une machine théoriquement parfaite; c'est-à-dire à un type purement rationnel dont s'écarte nécessairement toute machine à air ou à vapeur (n° 114). C'est là peut-être ce qu'on a quelquefois perdu de vue.

II.

La condition restrictive que le principe de l'équivalence de la chaleur et du travail introduit dans les équations générales des propriétés calorifiques et expansives des fluides a été établie dans la précédente section du cours. Il nous reste à voir ce que vont devenir ces équations déjà simplifiées lorsque, conformément au principe de M. Clausius, on regardera T comme une fonction de la température seulement.

Telle est la marche à suivre; les calculs, dans les détails, sont subordonnés au choix fait pour les variables indépendantes.

124. Au numéro 101, v et p étaient les variables indépendantes.

---

[1] Voir la note, p. 713.

On a vu que, en vertu du premier principe de la théorie mécanique de la chaleur, il existe entre T et n la relation

$$\frac{d\mathrm{KT}}{dp}\frac{dn}{dv} - \frac{d\mathrm{KT}}{dv}\frac{dn}{dp} = 1. \tag{D}$$

Maintenant (121), on peut écrire :

$$\frac{d\mathrm{KT}}{dp} = \frac{d\mathrm{KT}}{dt}\frac{dt}{dp}, \qquad\qquad \frac{d\mathrm{KT}}{dv} = \frac{d\mathrm{KT}}{dt}\frac{dt}{dv}.$$

Si de $t = \varphi(v, p)$, l'on tire $\dfrac{dt}{dp}$ et $\dfrac{dt}{dv}$, l'équation (D) devient :

$$\frac{d\mathrm{KT}}{dt}\left[\frac{dn}{dv}\frac{d\varphi}{dp} - \frac{dn}{dp}\frac{d\varphi}{dv}\right] = 1. \tag{D_1}$$

Cette condition (D_1) est aussi difficile à résoudre que (D) ; mais on peut en faire usage pour établir quelques théorèmes généraux. Elle fait voir, en particulier, qu'il ne sera jamais permis de poser

$$n = f(\varphi).$$

Donc jamais les courbes de l'espèce ψ ne pourront coïncider avec les courbes de l'espèce φ. Par suite, 1° si l'on se reporte au théorème du numéro 27 et aux valeurs des chaleurs latentes λ et μ des numéros 24 et 31, on ne pourra jamais avoir en même temps :

$$b = a, \qquad \lambda \quad 0, \qquad \mu \quad 0;$$

2° il ne sera pas permis d'admettre qu'un liquide soit absolument incompressible, supposition qui, comme on l'a vu (N° 110, équ. 5) conduit en effet, pour T, à une forme contraire au principe de M. Clausius.

125. T étant une fonction de t seulement, on a lieu de penser qu'il peut y avoir quelque avantage à prendre t pour l'une des variables indépendantes ; l'autre sera p ou v ; fixons notre choix sur p. Les variables indépendantes étant p et t, proposons-nous de reprendre l'entier développement de la méthode tracée au N° 123.

Écrivons, d'après la théorie générale (1re partie, chap. IV), les équations

$v = \varphi_1 \, (p, \, t)$, loi de la détente sous température constante ;

$n = \psi_1 \, (p, \, t)$, $\left\{ \begin{array}{l} \text{loi de la détente dans une enveloppe imperméable à} \\ \quad \text{la chaleur ;} \end{array} \right.$

$\delta Q = \mu dp + adt = Tdn,$ $\left\{ \begin{array}{l} \text{quantité de chaleur nécessaire pour} \\ \text{la dilatation en ligne droite entre} \\ \text{deux points infiniment voisins.} \end{array} \right.$ $\qquad (1)$

T désignant un diviseur susceptible de rendre δQ différentielle exacte, et, par conséquent, assujetti à la condition

$$\frac{d}{dp} \left(\frac{\mu}{T} \right) = \frac{d}{dp} \left(\frac{a}{T} \right) ; \qquad (A')$$

c'est-à-dire, satisfaisant aux équations

$$\frac{\mu}{T} = \frac{dn}{dp}, \qquad\qquad \frac{a}{T} = \frac{dn}{dt}. \qquad (2)$$

De la discussion des équations (1), on sait déduire aussi (31), entre les chaleurs latentes λ et μ, et les chaleurs spécifiques a et b, les relations

$$\lambda = \frac{\mu}{\dfrac{d\varphi_1}{dp}} \qquad\qquad b = a + \mu \, . \, \frac{\dfrac{d\varphi_1}{dt}}{\dfrac{d\varphi_1}{dp}}. \qquad (3)$$

A ces équations fournies par la théorie générale, le premier principe de la théorie mécanique de la chaleur ajoute une condition particulière dont la traduction analytique est que l'expression

$$d\Omega = K\delta Q - pdv = \left(K\mu - p \, \frac{d\varphi_1}{dp} \right) dp + \left(Ka - p \, \frac{d\varphi_1}{dt} \right) dt$$

doit être une différentielle exacte. D'où la condition algébrique

$$\frac{dK\mu}{dt} - \frac{dKa}{dp} = - \frac{d\varphi_1}{dt}. \qquad (B')$$

En partant des identités

$$K\mu = KT \, \frac{\mu}{T}, \qquad\qquad Ka = KT \, \frac{a}{T},$$

et à cause de (A'), l'équation (B') devient

$$\frac{\mu}{T} \, \frac{dKT}{dt} - \frac{dKT}{dp} = - \frac{d\varphi_1}{dt} = - \frac{dv}{dt}. \qquad (C')$$

On remarquera qu'il est nécessaire et suffisant que deux des conditions (A'), (B'), (C') soient satisfaites.

Les relations (2) équivalent à (A') et transforment (C') en l'équation

$$\frac{dn}{dp}\frac{d\mathrm{KT}}{dt} - \frac{dn}{dt}\frac{d\mathrm{KT}}{dp} = -\frac{dv}{dt}. \tag{D'}$$

C'est la condition unique à laquelle il y aurait lieu de satisfaire si l'expression de n était connue; elle fera trouver l'une des quantités n ou T au moyen de l'autre; mais cette équation n'est pas résoluble généralement.

Le principe de M. Clausius, intervenant à son tour, simplifie l'équation (D'), et la réduit à

$$\frac{dn}{dp}\frac{d\mathrm{KT}}{dt} = -\frac{dv}{dt}. \tag{D'$_1$}$$

Au premier membre de cette dernière équation, le facteur $\dfrac{d\mathrm{KT}}{dt}$ est une fonction de t seulement; au second, v dépend à la fois de p et t. La condition (D'$_1$) n'est par conséquent pas directement intégrable. Mais elle le deviendra toutes les fois qu'il sera possible de trouver une fonction explicitement déterminée, F (p, t), telle que, pour la première des équations (1), on ait :

$$v = \frac{d\,\mathrm{F}\,(p,t)}{dp}. \tag{M}$$

En effet, alors, en posant $\dfrac{d\mathrm{T}}{dt} = \mathrm{T}'$, l'équation (D'$_1$) devient

$$\mathrm{K}\frac{dn}{dp} = -\frac{1}{\mathrm{T}'}\frac{dv}{dt} = -\frac{1}{\mathrm{T}'}\frac{d^2\mathrm{F}\,(p,t)}{dp\,dt};$$

d'où, en multipliant par dp et intégrant, $F\,(t)$ désignant une fonction arbitraire de t,

$$\mathrm{K}n = -\frac{1}{\mathrm{T}'}\frac{d\,\mathrm{F}\,(p,t)}{dt} + F\,(t). \tag{N}$$

Telle est l'équation générale des courbes de l'espèce ψ.

La précédente équation donne $\dfrac{dn}{dp}$; de (N), on tirera $\dfrac{dn}{dt}$. On peut donc calculer μ et a d'après les équations (2), puis λ et b; enfin ∂Q et Ω.

Nous ne développerons pas ces calculs, bien qu'ils fournissent des relations intéressantes entre les quantités a, b, λ, μ, dont les valeurs sont susceptibles d'être déterminées par l'expérience.

Nous nous bornerons à rechercher l'expression de Ω. On l'obtient rapidement en remarquant que l'équation différentielle

$$d\Omega = K\partial Q - p\,dv = KT\,dn - p\,dv,$$

peut s'écrire

$$d\Omega = d\,(KTn) - d\,(vp) - KnT'dt + v\,dp;$$

à cause des équations (N) et (M), les deux derniers termes reviennent à

$$\frac{d F\,(p,t)}{dt}\,dt - T'F\,(t)\,dt + \frac{d F\,(p,t)}{dp}\,dp;$$

après la substitution, l'intégration donne :

$$\Omega = KTn - vp + F\,(p,t) - \int T'F\,(t)\,dt;$$

par suite, en remplaçant Kn par sa valeur tirée de (N) et en transposant

$$\Omega = -\,vp - \frac{T}{T'}\frac{d F\,(p,t)}{dt} + F\,(p,t) + TF\,(t) - \int T'F\,(t)\,dt,$$

ou enfin, en posant $\dfrac{dF\,(t)}{dt} = F'\,(t)$:

$$\Omega = -\,vp - \frac{T}{T'}\frac{d F\,(p,t)}{dt} + F\,(p,t) + \int TF'\,(t)\,dt. \qquad (O)$$

Il reste à trouver la fonction $F\,(t)$ dans chaque cas donné.

III.

126. Voyons ce que deviennent ces résultats dans le cas de l'air.

L'équation d'une courbe de l'espèce φ est

$$vp = c\left(1 + \alpha t\right), \qquad \text{ou} \qquad v = \frac{c\alpha\left(\dfrac{1}{\alpha} + t\right)}{p}. \qquad (\varphi_1)$$

On peut la mettre sous la forme (M) en posant

$$F(p,t) = c\alpha \left(\frac{1}{\alpha} + t \right) \log p. \qquad (m)$$

Les équations (N) et (O) deviennent alors

$$Kn = \frac{c\alpha}{T'} \log p + F(t), \qquad (n)$$

$$\Omega = -vp + c\alpha \left[\frac{1}{\alpha} + t - \frac{T}{T'} \right] \log p + \int TF'(t)\,dt. \qquad (o)$$

Or, il serait absurde qu'à la limite $p = 0$ on eût $\Omega = \pm \infty$. Il faut donc que le second terme disparaisse et qu'on ait

$$\frac{1}{\alpha} + t - \frac{T}{T'} = 0 ;$$

c'est-à-dire

$$\frac{dT}{T} = \frac{dt}{\frac{1}{\alpha} + t} ;$$

et, par conséquent, en omettant d'écrire la constante introduite par l'intégration

$$T = \frac{1}{\alpha} + t.$$

Telle serait donc, d'après le principe de M. Clausius, *la valeur de* T *convenant à tous les fluides*.

D'après cela, pour $t = -\frac{1}{\alpha}$, on aurait

$$\delta Q = Tdn = 0 :$$

l'absence de tout phénomène calorifique caractériserait cette température de $-\frac{1}{\alpha} = -272°,85$. C'est la température à laquelle un gaz qui suivrait la loi de Mariotte devrait être refroidi pour que sa pression

11

devînt nulle (46). Comptée à partir de cette limite, une température t prend l'expression

$$\frac{1}{\alpha} + t,$$

à laquelle M. Clausius a donné le nom de *température absolue*.

Ceci posé, remontons aux équations (2). Les seconds membres se tirent de (n) et il vient :

$$\frac{\mu}{\frac{1}{\alpha} + t} = \frac{c\alpha}{\mathrm{K}p}, \qquad\qquad \frac{a}{\frac{1}{\alpha} + t} = \frac{F'(t)}{\mathrm{K}} ;$$

mais, en vertu de (3) et d'après (φ_1), on a

$$\frac{\mu}{\frac{1}{\alpha} + t} = \frac{a - b}{p}.$$

De ces trois dernières équations, la deuxième montre que a est fonction de t seulement ; elle donne

$$\mathrm{K}a = \left(\frac{1}{\alpha} + t\right) F'(t); \tag{4}$$

les deux autres, par l'élimination de μ, conduisent à

$$\mathrm{K}(a - b) = c\alpha. \tag{5}$$

Enfin, en portant dans l'expression (o) de Ω la valeur de $F'(t)$ tirée de (4), il vient

$$\Omega = -vp + \mathrm{K} \int adt.$$

Telles sont finalement, pour l'air, les résultats conformes aux deux principes de la théorie mécanique de la chaleur. D'après cette dernière expression de Ω, *quand l'air se dilate suivant une courbe de l'espèce* φ, *la valeur de* Ω *demeure constante* : le fluide rend exactement, sous forme de travail, l'équivalent de ce qu'il doit recevoir sous forme de chaleur pour que sa température ne change pas.

En admettant, comme fait d'expérience, que a soit une constante l'équation (5) conduit à cette conclusion que b doit être aussi constant. On retrouve alors le cas traité au chapitre VI de la première partie du cours, et l'un des points de la discussion du N° 103. On peut vérifier que, en vertu de (φ_1) et (5), la dernière expression de Ω devient en effet

$$\Omega = \frac{b}{a - b}\, vp + \text{constante},$$

comme on l'a trouvé précédemment.

127. Dans la théorie des vapeurs (N° 105), le premier principe de la théorie mécanique de la chaleur a conduit à la condition

$$K \frac{dT}{dt} = \frac{T}{\lambda} \frac{dp}{dt}.$$

Si, conformément au principe de M. Clausius, on suppose, pour les vapeurs comme pour l'air,

$$T = \frac{1}{\alpha} + t,$$

la condition dont il s'agit se simplifie, et en recourant à la valeur de on voit qu'elle devient

$$K = \frac{\left(\frac{1}{\alpha} + t\right)\left(W - w\right)}{L} \frac{dp}{dt},$$

expression qui ouvre un vaste champ aux vérifications expérimentales

128. D'après la valeur de T, qui vient d'être établie et désignée ensuite sous le nom de température absolue, l'utilisation d'une machine théoriquement parfaite se présente sous la forme

$$U = K \frac{T_1 - T_0}{T_1} = K \frac{t_1 - t_0}{\frac{1}{\alpha} + t_1},$$

expression qui se prête à diverses remarques évidentes. On voit que valeur de U serait celle de l'équivalent mécanique de la chaleur, K, si la température basse t_0 s'abaissait jusqu'au zéro absolu. En général, U croît avec l'écart des températures extrêmes t_0, t_1, entre lesquelles fonctionne une machine supposée *théoriquement parfaite*. Mais il ne faudrait pas voir en cela, pour nos machines, une nécessité absolue d'élever le plus possible la température de chauffage t_1 (Voir N°s 123 et 114).

CHAPITRE II.

Vérifications expérimentales. — Valeur de l'équivalent mécanique de la chaleur.
— Traduction en nombres des équations de l'air et des vapeurs. — Tableaux
numériques relatifs à la vapeur d'eau saturée.

I.

129. Les deux principes de la théorie mécanique de la chaleur
viennent de nous conduire aux relations

$$K\,(a - b) = c\alpha \qquad \text{pour l'air,} \qquad (1)$$

$$K = \frac{\left(\frac{1}{\alpha} + t\right)\left(W - w\right)}{L}\,\frac{dp}{dt} \qquad \text{pour les vapeurs.} \qquad (2)$$

C'est à l'expérience maintenant de contrôler ces résultats ; s'ils sont
concordants, on en déduira la valeur de K. A cet égard, peu de
recherches ont été entreprises, et les faits actuellement connus se réduisent à peu près aux suivants :

130. Pour le cas de la vapeur d'eau à 100°, on possède un ensemble
de données qui permet de traduire en nombres l'équation (2).
D'une part, d'après Gay-Lussac,

$$W - w = 1,696.$$

D'autre part, d'après les expériences de M. Regnault, entre 90° et
101°, la force élastique de la vapeur d'eau saturée croît de 54^{mm}285 de
mercure ; soit, par suite, à 100° :

$$\frac{dp}{dt} = \frac{1}{2} \times 10333 \times \frac{54,285}{760}.$$

De plus, suivant M. Regnault, on a :

$$\alpha = 0,003665, \qquad L = 536,5.$$

Ces données, mises dans le second membre de l'équation (2), conduisent à

$$K = 435^{kgm}.$$

131. Pour l'air, dans l'équation (1) on connaît, d'après M. Regnault,

$$a = 0,2375, \qquad c = 7990,3.$$

En adoptant la précédente valeur de K, on en déduit

$$\frac{a}{b} = 1,3956. \tag{3}$$

D'un autre côté, on sait (1re partie, chap. V), que la vitesse du son, a pour expression

$$u^2 = g\,\frac{a}{b}\,vp. \tag{4}$$

Or, pour $t = 15°,9$ l'expérience [1] a donné $u = 340^m,89$, d'où d'après l'équation (4),

$$\frac{a}{b} = 1,4010. \tag{5}$$

La moyenne des expressions (3) et (5) est 1,3983, soit

$$\frac{a}{b} = 1,4 ;$$

c'est la valeur que nous avons adoptée au chapitre VI (1re partie) ; elle ne diffère de la première que de $\frac{1}{433}$ et seulement de $\frac{1}{1333}$ de la seconde.

La concordance entre la valeur de $\frac{a}{b}$ déduite de la théorie mécanique

---

[1] Poisson, *Traité de Mécanique*, 2e édition, t. II, p. 715.

de la chaleur et celle qui résulte de la théorie du son est donc vraiment satisfaisante. Il serait à désirer qu'on eût les éléments d'un grand nombre de vérifications semblables.

II.

132. On est en mesure maintenant de traduire en nombres les équations de l'air et celles de la vapeur d'eau.

Dans le cas de l'air, l'expression du travail emmagasiné est

$$\Omega = \frac{b}{a - b}\, vp + C = 2,5vp + C.$$

Pour 1^{mc} d'air à la pression atmosphérique :

$$\omega = 2,5 \times 10333 + C = 25833^{kgm} + C.$$

133. Comparons de l'eau chaude à 100° à de la vapeur saturée à la même température. De l'un à l'autre de ces deux états la valeur de Ω (N° 106, équ. 5) s'accroît de

$$\Omega_1 - \Omega_0 = KL - p\,(W - w).$$

Au second membre,

$$K = 435, \qquad L = 536,5, \qquad p = 10333^k, \qquad W - w = 1,696;$$

d'où

$$\Omega_1 - \Omega_0 = 214755^{kgm}.$$

Ainsi, l'énorme travail de 214755^{kgm} est employé à changer l'état moléculaire du kilogramme d'eau lorsqu'il devient vapeur en augmentant de volume dans le rapport de 1 à 1696.

134. Nous groupons dans les tableaux suivants les principales valeurs relatives à la vapeur d'eau à l'état de saturation, ainsi que plusieurs déterminations importantes qui intéressent, soit la physique générale, soit la science des machines à vapeur.

N° 1.

Tableau abrégé des résultats des expériences de M. Regnault sur la vapeur d'eau.

(Extrait des *Mémoires de l'Institut*, t. XXI, année 1847.)

TEMPÉRATURE en degrés centigrades.	PRESSION DE LA VAPEUR			NOMBRE DE CALORIES RELATIF A 1 KILOG. DE VAPEUR.		
	en millimètres de mercure.	en kilogrammes par mètre carré.	en atmosphères.	Chaleur totale [1].	Chaleur sensible [2].	Chaleur latente.
t		p			Q	
degrés.	millim.	kilogr.	atmosph.	cal.	cal.	cal.
0	4.6	62.5	0.006	606.5	0.0	606.5
10	9.2	124.6	0.012	609.5	10.0	599.5
20	17.4	236.4	0.023	612.6	20.0	592.6
30	31.5	340.7	0.042	615.7	30.0	585.7
40	55.0	746.5	0.072	618.7	40.0	578.7
50	92.0	1251.0	0.121	621.7	50.1	571.6
60	149.0	2023.0	0.196	624.8	60.1	564.7
70	233.0	3169.0	0.307	627.8	70.2	557.6
80	355.0	4822.0	0.467	630.9	80.3	550 6
90	525.0	7144.0	0.691	933.9	90.4	543.5
100	760.0	10333.0	1.000	637.0	100.5	536.5
110	1075.0	14621.0	1.415	640.0	110.6	529.4
120	1491.0	20276.0	1.962	643.1	120.8	522.3
130	2030.0	27604.0	2.671	646.1	131.0	515.1
140	2718.0	36949.0	3.578	649.2	141.2	508.0
150	3581.0	48690.0	4.712	652.2	151.5	500.7
160	4652.0	63243.0	6.121	655.3	161.7	493.6
170	5962.0	81055.0	7.844	658.3	172.1	486.2
180	7546.0	102600.0	9.930	661.4	182.4	479.0
190	9443.0	128380.0	12.425	664.4	192.8	471.6
200	11689.0	158930.0	15.380	667.5	203.2	464.3
210	14325.0	194760.0	18.848	670.5	213.7	456.8
220	17300.0	236430.0	22.582	673.6	224.2	449.4
230	20926.0	284510.0	27.535	676.6	234.7	441.9

[1] Quantité exprimée par la somme $605 + 0,305\,t$.

[2] — — $Q = t + 0,00002\,t^2 + 0,0000003\,t^3$.

Nᵒ 2.

Conséquences des résultats inscrits au tableau Nᵒ 1.

TEMPÉRA-TURE en degrés centig. t	TRANSFORMATION DE 1 KILOG. D'EAU EN VAPEUR SATURÉE DE MÊME TEMPÉRATURE t.			DÉPENSE DE CHALEUR propre à maintenir 1 kilog. de vapeur à l'état de saturation [2].		VALEUR approchée de $(W - w)p$ d'après les lois de Mariotte et de Gay-Lussac.
	Accroissement de volume [1]. $W - w$.	Travail externe développé. $(W - w)p$.	Quantité de chaleur équivalant à ce travail. $\dfrac{(W - w)p}{K}$	$\displaystyle\int_0^t R\, dt$.	R.	
degrés.	m^3	kilogm.	cal.	cal.	cal.	kilogm.
0	215.200	13460	30.97	0	— 1.916	12810
10	111.200	13850	31.88	— 18.7	— 1.813	13280
20	60.150	14220	32.73	— 36.3	— 1.717	13750
30	34.090	14620	33.65	— 53.0	— 1.627	14220
40	20.130	15030	34.58	— 68.9	— 1.543	14680
50	12.350	15440	35.53	— 84.0	— 1.465	15150
60	7.841	15850	36.50	— 98.2	— 1.390	15630
70	5.137	16280	37.47	— 111.8	— 1.320	16090
80	3.461	16690	38.42	— 124.6	— 1.252	16560
90	2.391	17080	39.32	— 136.9	— 1.192	17030
100	1.696	17490	40.27	148.5	— 1.133	17500
110	1.220	17830	41.04	— 159.6	— 1.077	17970
120	0.897	18190	41.86	— 170.0	— 1.023	18440
130	0.671	18520	42.61	— 180.1	— 0.974	18910
140	0.510	18840	43.38	— 189.5	— 0.925	19380
150	0.393	19150	44.08	— 198.6	— 0.879	19850
160	0.307	19450	44.76	— 207.1	— 0.835	20310
170	0.243	19720	45.39	— 215.3	— 0.792	20780
180	0.195	19980	46.01	— 222.9	— 0.772	21250
190	0.158	20240	46.58	— 230.3	— 0.727	21720
200	0.129	20480	47.13	— 237.2	— 0.676	22190
210	0.106	20700	47.64	— 243.8	— 0.643	22660
220	0.088	20910	48.12	— 250.0	— 0.606	23130
230	0.074	21110	48.58	— 256.0	— 0.577	23600

[1] D'après l'équation (6) du Nᵒ 127. De là, en négligeant la dilatation de l'eau

Volume de 1ᵏ de vapeur $= (W - w) + 0^{m3}.001$.

[2] D'après l'équation (6) du Nᵒ 72. — Ici on prend $r = \dfrac{dQ}{dt}$.

No 3.

—

Détente de 1 kilogramme de vapeur.

TEMPÉRA- TURE en degrés centig.	TEMPÉRATURE DE LA VAPEUR INITIALEMENT SATURÉE					
	200	180	160	140	120	100
t	Valeurs, en mètres cubes, de $v - w$, aux températures t (1).					
200	0.129	»	»	»	»	»
190	0.155	»	»	»	»	»
180	0.189	0.195	»	»	»	»
170	0.233	0.240	»	»	»	«
160	0.290	0.298	0.307	»	»	»
150	0.365	0.375	0.387	»	»	»
140	0.465	0.478	0.493	0.510	»	»
130	0.602	0.618	0.637	0.659	»	»
120	0.791	0.812	0.836	0.864	0.897	»
110	1.058	1.085	1.116	1.153	1.196	»
100	1.443	1.479	1.521	1.570	1.627	1.696
90	2.001	2.050	2.108	2.174	2.251	2.341
80	2.843	2.912	2.991	3.083	3.191	3.315
70	4.140	4.238	4.350	4.482	4.634	4.812
60	6.195	6.338	6.504	6.697	6.920	7.181
50	9.562	9.775	10.030	10.320	10.660	11.050
40	15.270	15.600	15.990	16.450	16.970	17.580
30	25.300	25.840	26.470	27.210	28.030	29.050
20	43.670	44.580	45.650	46.890	48.330	50.000
10	78.860	80.490	82.370	84.550	87.090	90.060
0	149.100	152.000	155.500	159.500	164.200	169.700

1 D'après l'équ. (16) du No 75, où t' désigne la température initiale de la vapeur saturée.

Nº 4.

—

Vitesse d'écoulement de la vapeur d'eau.

TEMPÉRA-TURE dans la chaudière t	PRESSION EN DEHORS DE LA CHAUDIÈRE (1) (en mill. de mercure). Vitesses d'écoulement de la vapeur saturée à la température t (2).			OBSERVATIONS.
	4,6	92,0	760,0	
degrés.	m.	m.	m.	
200	1452.0	1220.0	967.9	
190	1431.0	1193.0	929.7	
180	1408.0	1163.0	887.0	1 Les pressions extérieures
170	1385.0	1131.0	840.1	choisies sont celles de la
160	1360.0	1096.0	788.3	vapeur saturée aux tempé-
150	1333.0	1059.0	792.3	ratures suivantes
140	1304.0	1018.0	660.6	0°, 50°, 100°.
130	1273.0	972.3	581.0	
120	1254.0	921.9	480.6	2 D'après la formule
110	1203.0	865.6	314.2	$u^2 = 2g\mathrm{D}$:
100	1163.0	801.1	0	du nº 77.
90	1120.0	728.2		
80	1072.0	640.3		
70	1018.0	531.2		
60	977.2	380.7		
50	888.0	0		
40	806.6			
30	712.2			
20	592.6			
10	427.1			
0	0			

NOTES.

Note A. *Sur la validité de la démonstration du principe de M. Clausius.*

I.

La démonstration du principe de M. Clausius, donnée au N° 121, repose sur ce qu'il serait inadmissible que de la chaleur pût passer d'un corps froid dans un corps chaud. Étant données deux sources de chaleur A_0, A_1, à des températures t_0, t_1, inégales, on semble raisonner comme s'il existait une force qui obligeât la chaleur à passer d'une température élevée t_1 à une température basse t_0 et qui s'opposât au passage inverse. L'ensemble des phénomènes calorifiques connus ne nous permet pas d'attribuer une telle qualité à la chaleur. Nous devons considérer la chaleur comme douée de la propriété de se répandre, en tous sens, d'un corps chaud dans des corps froids ambiants ; *il faut du temps pour qu'elle se répande ainsi* ; mais rien ne nous autorise à assimiler une quantité de chaleur à de la matière inerte sollicitée par une force du chaud vers le froid.

Allons plus loin : dans les opérations envisagées au numéro 121, où les fluides sont supposés contenus dans des enveloppes imperméables à la chaleur, il était sous-entendu que la transmissibilité de la chaleur aux corps ambiants se trouvait annulée pendant les changements de volume des fluides. Dès lors, on ne voit pas ce qui empêcherait que de la chaleur, emprisonnée comme il vient d'être dit, pût être transportée de A_0 à A_1, tout aussi bien que de A_1 à A_0.

Dans un cas comme dans l'autre, K étant constant, la totalité du travail emmagasiné dans le monde est exactement la même. Donc, dans les opérations précitées, alors que la dépense de travail est nulle et que les fluides employés sont ramenés à leur état initial, il doit, en pure science mécanique, être indifférent qu'une somme quelconque de chaleur existe soit à la température basse de A_0, soit à la température plus élevée de A_1.

Assurément une semblable indifférence n'existe pas au point de vue physique des choses.

Mais si, dans certaines opérations (à l'aide de pièces de matière inerte et au moyen de fluides élastiques jouissant de propriétés dont la cause première nous est inconnue), nous entrevoyons la possibilité d'obtenir un transport de chaleur d'un corps froid dans un corps chaud, nous est-il permis de nier une telle possibilité, *à priori*, comme absolument contraire aux lois de la nature, sans que des faits d'expérience nous y autorisent? Telle est évidemment la question à poser et à résoudre au sujet du principe de M. Clausius.

Des considérations d'un ordre élevé se présentent ici.

Dans une note présentée à l'Académie des sciences, le 12 août 1863, par M. Reech, on lit :

« Qu'il doive y avoir une théorie mécanique de la chaleur, cela n'est pas contestable. En effet, quelle est la cause des mouvements de la matière inorganique, et même de la matière organique, à la surface de la terre, si ce n'est la chaleur (alors qu'on fait abstraction de la cause des marées dont les effets sont trop minimes et d'une spécialité trop restreinte pour qu'il y ait lieu d'en parler ici) ? Qu'on se représente le globe terrestre placé dans une enceinte d'une température constante et égale partout. Ne voit-on pas que, dans ce cas-là, à la longue, il n'y aurait plus ni courants d'air, ni pluies, ni sources, ni rivières, ni fleuves, ni mouvement de la matière inorganique d'aucune sorte, et par suite ni végétation ni vie? Un état d'équilibre pareil à la mort, en toutes choses, succéderait à ce qui est. Inversement, qu'on se représente le globe dans un état de repos universel, et que tout à coup on y fasse arriver de la chaleur, non uniformément partout, mais de la chaleur en certaines régions, et du froid dans d'autres régions. Ne voit-on pas que les lois de l'équilibre cesseront d'être satisfaites? Les corps ayant la propriété de se dilater par la chaleur et de se contracter par le froid, il n'y aura plus équilibre ni dans l'atmosphère ni dans l'océan. Des courants se produiront dans l'air et dans la mer. Il y aura des vaporisations et des condensations; par suite, des pluies, des sources, des rivières et des fleuves. Il y aura, par conséquent, un état de mouvement de la matière inorganique qui durera aussi longtemps que de la chaleur sera reçue par certaines régions du globe et cédée par d'autres. »

Pour compléter cet aperçu, représentons-nous, dans l'enceinte dont il vient d'être parlé, trois espèces de corps, les uns S, S'..... très-chauds, les autres F, F' très-froids, enfin une série de corps P, P'..... animés de mouvements de rotation et de translation. Ces derniers, présentant alternativement chacune des parties de leurs surfaces aux corps S et F, recevront de la chaleur des uns et en céderont aux autres. Une sorte d'univers se trouve ainsi constituée au moyen de soleils S, de planètes P et de corps froids F. La vie du monde inorganique commence; celle du monde organique est susceptible de se développer. Une suite de transformations va naître. Aura-t-elle un terme, et quel sera-t-il?

Accepter le principe de M. Clausius, c'est admettre que tôt ou tard les soleils se refroidiront, tandis que les corps froids se réchaufferont jusqu'à l'établissement d'un parfait équilibre thermométrique. A cette limite, il n'y aura plus aucune espèce de vie possible : l'univers périra.

Rejeter le principe de M. Clausius, c'est accorder à la matière des propriétés telles que par certaines opérations (comme, par exemple, au moyen de cylindres, de pistons et de fluides élastiques), dans certaines circonstances non discernées jusqu'ici, au moyen d'effets chimiques peut-être, il soit possible que de la chaleur remonte des corps froids F aux corps chauds S; de la sorte, un courant perpétuel de chaleur pourra s'établir de S à P et de P à F, ce qui fera durer indéfiniment la vie du monde.

Quoi qu'il en soit, nous ne voulons nullement assumer la responsabilité de nier le principe de M. Clausius. Notre seule intention dans la dernière section du cours, comme dans cette note, a été de faire voir quel est le fondement du principe en question et à quelles conséquences on arrive, selon qu'on admet ou qu'on rejette ce principe.

II

Nous avons établi la théorie de l'air en partant des lois de Mariotte et de Gay-Lussac. D'après ces lois (n° 46), les courbes φ et ψ sont asymptotes à l'axe $p = 0$, et le long de cet axe règne une température constante égale au zéro absolu, $-\dfrac{1}{\alpha}$.

Or, ces lois souffrent des réserves :

1° M. Regnault a constaté de 1 à 20 atmosphères, à la température ordinaire, les écarts de la loi de Mariotte ;

2° Les valeurs des coefficients de la dilatation sous pression constante et sous volume constant sont légèrement inégales entre elles.

Maintenant imaginons qu'on recherche pour les divers corps solides, glace, fer, etc.... la température à partir de laquelle, dans le vide, la vapeur commence à se produire. A cette température, le kilogramme de vapeur occupe un certain volume ; s'il reçoit une nouvelle dose de chaleur, sa température et son volume doivent augmenter : de là, divers états de ce kilogramme de matière, toujours sous la pression $p = 0$. Prenons-le à l'un de ces états ; marquons son volume sur l'axe $p = 0$, et imaginons que, renfermé dans une enveloppe imperméable à la chaleur, il vienne à être refoulé. La loi de sa compression sera figurée par une courbe de l'espèce ψ qui coupera nécessairement l'axe $p = 0$, au point initialement marqué.

Ces considérations mènent à concevoir, pour chaque substance, au-dessous comme au-dessus de la droite $p = \pi_0$ (n° 70), des courbes de l'espèce ψ. En passant d'un côté à l'autre de la droite $p = \pi_0$, ces courbes offrent en général une brisure. Entre l'axe $p = 0$ et la droite $p = \pi_0$, elles se rapportent au cas du passage direct de l'état solide à l'état de vapeur. Mais nous ne nous arrêterons pas, dans cette note, à une étude qui réclamerait, pour elle seule, un chapitre spécial.

Ce que nous remarquerons du moins, c'est combien varie, d'une substance à l'autre, la température limite à partir de laquelle les corps solides commencent à émettre de la vapeur dans le vide. Elle est d'environ — 50° pour la glace ; elle serait peut-être pour le fer de plus de 1500°, d'après les faits connus. En présence de manières d'être si différentes, ne semble-t-il pas satisfaisant, à un point de vue philosophique, de concevoir qu'à l'égard d'un fluide quelconque, les vraies courbes φ et ψ doivent rencontrer l'axe $p = 0$, et cela *pour des valeurs de la température variant avec l'espèce de matière considérée ?*

L'air n'échapperait pas à la règle commune.

Si l'on cherchait à corriger la loi de Mariotte de manière à satisfaire à ce dernier point de vue, en tenant compte de tous les faits révélés par l'expérience, on ne retrouverait sans doute plus la relation simple

$$K\,(a - b) = c\alpha ;$$

et n'arriverait-il pas que l'expression

$$T = \frac{1}{\alpha} + t,$$

considérée comme une loi universelle, fût en défaut ?

———

NOTE B. *Au sujet de la théorie des liquides.*

I.

Dans un liquide supposé incompressible, la vitesse du son devient infinie ; aucun liquide ne doit donc être absolument incompressible.

En général, le volume v de 1^k de matière solide, liquide ou gazeuze, doit être regardé comme une certaine fonction

$$v = \varphi_1\,(p,t)$$

des variables p et t. Posons

$$\frac{d\varphi_1}{dp} = -\,M, \qquad\qquad \frac{d\varphi_1}{dt} = N ;$$

alors on a

$$dv = -\,Mdp + Ndt. \qquad\qquad (1)$$

12

Si ε désigne le *coefficient d'élasticité* sous température constante, on a, par définition,

$$dp = -\,\varepsilon\,\frac{dv}{v}\,; \qquad \text{d'où} \qquad \varepsilon = \frac{v}{M}.$$

Enfin, l'expression corrigée de la vitesse du son est (1${}^{\text{re}}$ partie, chap. V) :

$$u^2 = \frac{a}{b}\,gv\varepsilon\,;$$

ce qui revient à dire que le coefficient d'élasticité le long d'une courbe de l'espèce ψ a pour valeur

$$\varepsilon' = \frac{a}{b}\,\varepsilon.$$

Toutes ces relations sont générales.

Nous nous proposons ici de considérer le cas des liquides, et en particulier celui de l'eau. Appelons β le coefficient de compressibilité sous température constante. Par définition, on a

$$\beta = \frac{-\,\dfrac{dv}{v}}{dp} = \frac{M}{v} = \frac{1}{\varepsilon}.$$

D'après cela, pour $dt = 0$, c'est-à-dire pour une ligne de l'espèce φ, l'équation (1) se réduit à

$$\beta dp = -\,\frac{dv}{v}.$$

Nous désignerons par δ la valeur que prend β lorsque l'unité de force est la pression atmosphérique.

Dans le *Traité de Mécanique* de Poisson (2${}^{\text{e}}$ édition, t. II, p. 719), on lit : « A la température de 10° centigrades, le physicien anglais Canton a trouvé

$$\delta = 0,000046,$$

sous une charge équivalente à la pression ordinaire de l'atmosphère.

Ce résultat a été confirmé par les expériences récentes qu'on a faites sous des pressions plus considérables, et qui ont donné une condensation proportionnelle à la pression et égale à la valeur précédente de δ, pour chaque pression atmosphérique. De plus, ces expériences, quelque grande qu'ait été la pression, n'ont indiqué aucune augmentation sensible de température ; en sorte qu'il n'y a pas lieu de croire que la propagation du son dans l'eau soit accompagnée, comme dans l'air, d'une variation de température qui puisse influer sur sa vitesse. »

Les expériences de M. Regnault, sur la compressibilité de l'eau (*Mémoire de l'Académie des sciences,* t. XXI, p. 455), sont d'accord avec les précédentes, à cela près qu'on doit poser

$$\delta = 0,000048.$$

Nous concluons de là qu'il est permis de considérer β comme une constante. L'équation précédente est ainsi directement intégrable ; mais elle l'est encore si l'on y regarde β comme une fonction de t. L'intégrale générale est

$$\beta p = -\log v + f\, t$$

on élimine la fonction $f(t)$, en écrivant qu'au point où la ligne d'espèce φ rencontre la courbe des w, on doit avoir $v = w$, $p = \pi$. Il vient ainsi

$$\beta (p - \pi) = \log \frac{w}{v} ;$$

ou, en résolvant par rapport à v,

$$v = we^{\beta (\pi - p)}. \tag{2}$$

Telle est donc l'équation de la courbe d'espèce φ pour laquelle t correspond à une tension de vapeur saturée égale à π.

On en tirera M et N.

Nous remarquerons que

$$e^{\beta (\pi - p)} = 1 + \beta (\pi - p) + \frac{\beta^2 (\pi - p)^2}{1 \cdot 2} \cdots .$$

Or, on a :

$$\beta = \frac{\delta}{10333} < \frac{1}{215000000}.$$

Par suite, en raison de la très-faible valeur de β et avec un degré suffisant d'approximation, on peut, au lieu de (2), prendre

$$v = w - \beta w \, (p - \pi)$$

et, par conséquent, écrire

$$M = - \frac{dv}{dp} = \beta w, \qquad (3)$$

$$N = \frac{dv}{dt} = \frac{dw}{dt} + \frac{d\,(\beta w \pi)}{dt} - p\,\frac{d\,(\beta w)}{dt}.$$

De plus, il sera permis de considérer comme nulle la dérivée de β par raport à t, à la condition de n'appliquer les résultats qu'entre les limites où β demeure sensiblement constant. Enfin, si l'on néglige, comme étant du second ordre, le produit $\beta\,\dfrac{dw}{dt}$, l'expression de N se simplifie ; en posant $\dfrac{dw}{dt} = w'$, $\dfrac{d\pi}{dt} = \pi'$, elle se réduit à

$$N = w' + \beta w \pi'. \qquad (4)$$

II.

Nous nous proposons de développer la théorie des liquides en partant de l'équation (2) et de la relation connue

$$\delta Q = \mu dp + adt.$$

La quantité μ étant négative, nous conviendrons de la désigner par $- m$ et d'écrire

$$\delta Q = - m dp + adt. \qquad (5)$$

Interrogeons d'abord l'expérience. D'après la citation de Poisson, relatée ci-dessus, la quantité $\mu = - m$ est nulle ou négligeable. Suivant M. Regnault (*Mémoire de l'Académie des sciences*, t. XXI, p. 464), « la chaleur dégagée par une pression subite de 10 atmosphères sur l'eau, est incapable d'élever sa température de $\frac{1}{50}$ de degré centigrade. » Or, si l'on fait $dt = 0$ dans l'équation (5), il vient

$$- \delta Q = m \times 10333 \times 10 < \frac{1}{50} ;$$

c'est-à-dire

$$m < \frac{1}{5000000}.$$

Nous sommes donc pleinement autorisés à faire nos calculs dans l'hypothèse de $m = 0$.

On a vu, dans le cours (N°s 110 et 124), que cette supposition entraîne : 1° les égalités

$$b = a, \qquad\qquad \lambda = 0 ;$$

2° la coïncidence des lignes de l'espèce φ et des lignes de l'espèce ψ.

L'expression de la vitesse du son se réduit à

$$u^2 = g r \varepsilon = \frac{g r}{\beta} :$$

avec $\delta = 0{,}000046$,   on trouve : $u = 1484^m$;
avec $\delta = 0{,}000048$,   on trouve : $u = 1453^m$.

Conformément au premier principe de la théorie mécanique de la chaleur, exprimons les deux conditions (A') et (B') du N° 125. Avec $\mu = 0$, elles deviennent :

$$\frac{d}{dp}\left(\frac{a}{T}\right) = 0, \qquad (a') \qquad\qquad \frac{dKa}{dp} = \frac{dv}{dt} = N. \qquad (b')$$

D'après la première, le rapport $\frac{a}{T}$ est une fonction de t seulement ; ce qui revient à dire qu'on doit avoir

$$T = a f(t). \qquad\qquad (6)$$

Mais, d'après la seconde, a est une fonction des deux variables p et t; l'expression précédente de t serait donc en désaccord avec le principe de Clausius.

L'intégration de (b') introduit une fonction arbitraire de t. On la détermine en écrivant que

$$a = r, \qquad \text{pour} \qquad p = \pi.$$

Si, pour N, on prend l'expression simplifiée (4), on trouve :

$$Ka = Kr + (p - \pi)(w' + \beta w \pi').$$

Rien n'empêche, dans cette équation, de supposer que la valeur de β décroisse jusqu'à zéro. Si l'on suppose $\beta = 0$, on retombe sur la relation trouvée au N° 110 (équ. 4).

On remarquera que, dans l'intervalle de $t = 4°$ à $t = 100°$, la valeur de w' est très-petite. Si l'on considère en même temps w' et β comme nuls, l'équation précédente revient à

$$a = r.$$

Cette égalité ferait cesser le désaccord entre l'équation (6) et le principe de Clausius ; mais, dans ce cas, la courbe des w serait assimilée à une droite parallèle à l'axe des pressions.

III.

Actuellement, au lieu de faire la supposition $\mu = 0$, invoquons, comme point de départ, le principe de M. Clausius. Soit donc

$$T = \frac{1}{\alpha} + t, \qquad \text{d'où} \qquad \frac{dT}{dt} = T' = 1.$$

T étant donné, il s'agit de satisfaire à la condition (D'_1) du numéro 125, c'est-à-dire à l'équation

$$K \frac{dn}{dp} = - \frac{dv}{dt} = - N. \qquad (d'_1)$$

D'après les relations générales du numéro 125, savoir :

$$\frac{u}{T} = \frac{dn}{dp}, \qquad\qquad \frac{a}{T} = \frac{dn}{dt},$$

$$\lambda = -\frac{\mu}{M}, \qquad\qquad \frac{b}{a} = 1 - \mu\,\frac{Ma}{N},$$

on sera à même de former, pour un liquide, les expressions de μ, λ, $\frac{b}{a}$, dès que l'intégation de (d'_1) aura fait connaître n et par suite a.

L'intégration de (d'_1) introduit une fonction arbitraire de t; on la détermine en remarquant que le long de la courbe des w, on a

$$dn = \frac{\delta Q}{T} = \frac{r\,dt}{\frac{1}{\alpha} + t},$$

et que, par conséquent, on doit avoir

$$n = \int \frac{r\,dt}{\frac{1}{\alpha} + t}, \qquad \text{lorsque} \qquad p = \pi.$$

En particulier, si l'on prend pour M et N les valeurs simplifiées (3) et (4), on trouve

$$\frac{b}{a} = 1 - \left(\frac{1}{\alpha} + t\right) \frac{(w' + \beta w \pi')^2}{\beta w k u}. \tag{7}$$

Et, pour l'intégrale de (d'_1) :

$$Kn = K \int \frac{r\,dt}{\frac{1}{\alpha} + t} - \left(w' + \beta w \pi'\right)\left(p - \pi\right);$$

d'où, en posant $\frac{d}{dt}\left(w' + \beta w \pi'\right) = z$, on tire

$$Ka = KT \frac{dn}{dt} = Kr + \left(\frac{1}{\alpha} + t\right)\left[(w' + \beta w \pi')\,\pi' - z\,(p - \pi)\right]. \tag{8}$$

Les résultats ainsi obtenus donnent lieu aux observations suivantes:

1° Dans les expressions de M, N, Ka et Kμ, rien n'empêche de faire décroître β jusqu'à zéro; mais pour $\beta = 0$, l'expression de $K\lambda$ devient infinie, et celle de $\dfrac{b}{a}$ prend la forme

$$\frac{b}{a} = 1 - \infty,$$

résultat absurde, puisque la vitesse du son serait imaginaire. Le principe de M. Clausius ne s'appliquera donc aux liquides qu'autant qu'il sera dans la nature des choses que le coefficient β dépende de r, w, π, de telle manière que jamais l'équation (7) ne fasse trouver pour b, une valeur négative; ce qu'exprime la condition

$$\beta w K a > \left(\frac{1}{\alpha} + t\right)\left(w' + \beta w \pi'\right)^{2}. \tag{8}$$

2° Dans l'expression de Ka, on voit figurer les dérivés $\dfrac{d\pi}{dt} = \pi'$ et $\dfrac{d\pi'}{dt}$. Or, π est une fonction très-rapidement croissante avec t. D'après cela, on entrevoit que, pour de grandes valeurs de t et de $p - \pi$, il pourrait se faire que Ka devint négatif, ce qui serait absurde ou du moins contraire à ce qu'il nous est familier de concevoir. Pour écarter cette nouvelle singularité, bornons-nous à discuter le cas où $p = \pi$. Alors il vient

$$Ka = Kr + \left(\frac{1}{\alpha} + t\right)\left(w' + \beta w \pi'\right)\pi',$$

valeur qui, portée dans (8), conduit à l'inégalité

$$\beta w \left[Kr - \left(\frac{1}{\alpha} + t\right)w'\pi'\right] > \left(\frac{1}{\alpha} + t\right)w'^2,$$

aquelle sera satisfaite à la double condition qu'on ait :

$$Kr > \left(\frac{1}{\alpha} + t\right)w'\pi', \tag{9}$$

et

$$\beta > \frac{\left(\dfrac{1}{\alpha} + t\right)w'^2}{w\left[Kr - \left(\dfrac{1}{\alpha} + t\right)w\pi'\right]}. \tag{10}$$

Il faudra même que le second membre de l'inégalité (10) soit très-inférieur à la valeur connue de β : car, si cela n'était pas, le coefficient d'élasticité ε' le long d'une courbe de l'espèce ψ pourrait être énormément plus grand que le coefficient ε le long d'une courbe de l'espèce φ. Résultat choquant. Il résulte, en effet, de la théorie approchée exposée dans le cours (N° 110) que les courbes φ et ψ issues d'un même point sont très-voisines d'une parallèle à l'axe des pressions ; par conséquent, très-voisines l'une de l'autre : le rapport $\frac{\varepsilon}{\varepsilon'}$ doit donc très-peu différer de l'unité.

Pour de l'eau à de basses températures, au dessus de $t = 4°$, les conditions (9) et (10) sont satisfaites, mais, à cause du rapide accroissement de π, quand t augmente, il n'est pas évident que, à des températures de plus en plus élevées, l'inégalité (9) continue d'être assez prononcée pour que le second membre de (10) demeure excessivement petit.

En résumé, la théorie des liquides est susceptible d'être assujettie au principe de M. Clausius ; mais on voit qu'elle conduit alors à des résultats singuliers, au sujet desquels il serait à désirer qu'on possédât des éclaircissements.

Au contraire, la précédente solution qui consiste à avoir à la fois

$$\mu = 0, \quad \lambda = 0, \quad b = a,$$

est excessivement simple et conforme à l'idée que nous pouvons avoir de la nature des choses, d'après les faits d'expérience actuellement connus.

(Revue maritime et coloniale.)

TABLE DES MATIÈRES.

PREMIÈRE PARTIE. — Théorie générale.

DEUXIÈME PARTIE. — Théorie mécanique de la chaleur.

Section I. — Premier principe.

SECTION II. — SECOND PRINCIPE.

ERRATA.

Pages		Au lieu de :	Lisez :
24	l. 6 de la note	$\wp$	$g\wp$
34	l. 23	$\dfrac{d\varphi}{dp}dv$	$\dfrac{d\varphi}{dv}dv$
43	l. 24	»	$\mu = (b-a)\dfrac{d\varphi}{dp}$
62	l. 5	consommé	soustrait
64	équat. (2)	—	$=$
67	l. 30		
68	l. 1	d	$\eth$
77	tableau............